大雅叢刊

中共法制理論解析

—關於「中國特色」之論爭

石之瑜 著／三民書局 印行

國立中央圖書館出版品預行編目資料

中共法制理論解析：關於「中國特色」
之論爭／石之瑜著．--初版．--臺
北市：三民，民82
面；　　　公分．--（大雅叢刊）
ISBN 957-14 1979-6 （精裝）
ISBN 957-14 1980-X （平裝）

1.法制史—中國大陸

580.928　　　　　　　　　82000143

© 中共法制理論解析
—關於「中國特色」之論爭

著　者　石之瑜
發行人　劉振強
著作財　三民書局股份有限公司
產權人
印刷所　三民書局股份有限公司
　　　　地址／臺北市重慶南路一段六十一號
　　　　郵撥／〇〇〇九九九八一五號
初　版　中華民國八十二年一月
編　號　S 58015
基本定價　叁元伍角陸分
行政院新聞局登記證局版臺業字第〇二〇〇號

ISBN 957-14-1980-X （平裝）

自　　序

社會主義法制理論到底有多特殊呢？在中國大陸力行改革開放的過程裏，法制建設必須如何因應，方能有助於進一步解放生產力呢？改革後的社會主義法制能不能與中國的傳統文化相融滙？能不能與憲政主義的法治觀念相接合呢？本書的目的，在提出一連串關於中共法制改革方面值得吾人深思的課題。希望引起國內更多、更深和更廣泛的探索。

由於作者係政治心理學的學生，對於法學頗乏素養，故有賴法學界專家指正之處甚多。唯本書仍希望能在傳統法哲學與政治文化學之間建立一些溝通互惠的渠道，並依此對我國法治建設的思辯過程期能有所貢獻。

本書若干章節曾事先在一些期刊或研討會上發表過，後經編輯與修正後成冊。許多學界先進曾對部分內容提出寶貴的批評意見，他們包括胡佛、吳庚、李念祖、姚立明、李復甸、黃錦堂、吳玉山、蘇永欽、吳漢、陳新民等。臺大政治系的「憲法與政治」及「兩岸關係與政經發展」兩課程同學之牴勵，亦常對作者之思考有刺激引領之作用。傅志山同學細心校稿，特此一併致謝。

中共法制理論解析

—— 關於「中國特色」之論爭

目　　錄

壹

本書簡介

一、溯　源:
法律文化之變遷

　　一般的法學研究，從法律體系的內在邏輯着手，探討法律如何成爲規範人類社會行爲的一種工具，鮮有將法律當成一種文化現象來分析的。但是，研究中國大陸法制建設者，卻必須針對整個法律體系所反映出來的世界觀來切入，才有可能對中共改革法制的背景作全盤理解，因爲中共法律體系的內涵在四十餘年間經歷了各種政治波折，並未發展出一套能跨越時空的內在邏輯，從而中共的改革工作，首先要着便是建立一套對法律爲何的整體思考模式，而不是由技術層面來完善法律體系的內在聯繫。

　　中國大陸的例子，貼切地表達了法律最原始的風貌。質言之，法律是一種文化，一種觀念，一種認知，是可以表達社會情感與理想的世界觀❶。中國的法律所反映的，向來是以儒家文化爲本位的義務觀。中國傳統的孝道文化在此對中國的法律發展有着根深蒂固的作用:

　　　儒家以忠孝爲核心的倫理觀，是一種義務的倫理觀，它重在強
　　　調子對父，臣對君的義務，儘管這種義務表現在方方面面，但

---

❶　劉進田，<法律文化片論>，《法律科學》，1期(1991)，頁4-5。

一個突出的精神卻貫穿始終，這就是服從，……久而久之，就導致了傳統中國人義務觀念濃厚而權利觀念淡薄的現象。人們只知如何在人倫關係中履行義務，做個「孝子」「忠臣」，而很少為自己應得利益去多方爭取，從而造成了以義務為本位的傳統法律觀。❷

法制改革若是以社會主義為訴求的話，便必須打破這種義務為本位的法律觀，轉而強調法律的階級性，因此在觀念上必須仰賴無產階級取得統治權，方能推行新的法律觀念。但是，法律觀念必須有文化背景相配合方能成為真正主導人們法律行為的思考內涵，當今社會主義法系之所以出現困難，正是因為「缺乏共同的文化基礎而最終走向分化，從而回歸到其文化傳統上去按照自己的文化傳統進行重新選擇。」❸這點對中國大陸來說，便是把法律當成一種消極的防範性工具，而不是積極的創造社會理性的手段，使社會秩序仍得依賴倫理化的道德禮儀作為內在約束來實現❹。

法制改革作為一項理性的設計工作之前提，乃在於承認法有某種超民族，跨時空的獨立特性，故並非隨民族性而游移的純粹文化產物。對這種法律理性的認知，則是源於西方法治文化中以個體為核心的法律主體論，而個體為核心的法律觀反應的必然是商品經濟為主導的生產關係結構，因此，「改造中國傳統法律文化，重建新型的法律文明，實現中國法制現代化，最根本的是要用商品經濟代替自然經濟。」❺

❷　王霞，<孝與傳統法律觀>，《法律科學》，5期(1991)，頁30-31。
❸　強世功，<比較法、文化、文明>，《法律科學》，5期(1991)，頁7。
❹　前引文，頁 6。
❺　公丕祥，<衝突與融合：外域法律文化與中國法制現代化>，《法律科學》，2期(1991)，頁8。

　　顯而易見，法制改革過程中對法律之本質，宗旨，原則與功能所作的諸多澄清勢必引起各種爭論。大致而言，這些爭論圍繞着四種議題。首先，儒家文化與社會主義孰優之爭論將影響中國特色之內涵。儒家文化下的法律觀是以集體導向，以義務爲重心的理論，而社會主義下的法律觀則是以階級爲導向，以權利義務相結合的理論。儒家的法律觀維護集權體系，不分行政司法，禮法相合，德主刑輔，故重一統與和諧❻，而社會主義法律觀中雖亦強調集中，但卻同時主張民主過程，雖然也重視專政，但又同時以鬥爭爲的，故是屬於衝突導向的世界觀。

　　其次，由於改革象徵着突破傳統，求新求變，故很自然會形成對社會主義的某種批判，因此有強烈的政治認同涵義。主張突破傳統的力量必定會宣揚個體取向，理性，程序，甚至制衡或有限政府的觀念; 主張歷史延續的力量則會從集體，歷史使命，正義標準與四項堅持（社會主義道路，人民民主專政，共產黨領導與馬列主義毛思想）出發❼。新舊破續之間自然也有寄望於某種歷史延續的說法，認爲傳統文化與法制改革之間其實有許多文化關聯存在，不須相互否定❽，故有提倡雙重認同的作用。

　　再其次，有關法學界本身的發展，當代的爭論更表達了法制轉型階段的活潑現象。法學家們在變遷的政治氣氛下始終維持着比較寬容的辯論型式，故儘管辯論措詞往往十分嚴峻，但論理分歧的現象，

---

❻　段秋關，＜中國傳統法律文化的形成與演變＞，《法律科學》，4期(1991)，頁15。

❼　有學者認爲中山思想的演變過程卽具體化了破與立的兩難，見喬叢啓，＜融會中西，繼承創新──孫中山法律思想的特色及其成因＞，《法學研究》，5期(1991)，頁68-74。

❽　郝鐵川，＜儒家法文化與西方憲政文化＞，《法學》，10期(1991)，頁37-39。

毋寧傳達了法學界本身的迷惘，更透露了過去由政治領導學術的作風，已然鬆動。最突出的法學爭議，正反映了上述所關切的個體與集體之爭，權利與義務之爭，民主與集中之爭，法治與法制之爭。爭議範圍之廣，學者人數之多，與持續時期之久，均足以令人相信，法律文化之發展，已非官方所能欽定，蓋官方本身已無法律觀方面之共識，是各項法學爭議已具有獨自存在的基礎。據說這種爭議多少導因於文化變遷與社會變遷所造成的中國人的文化分裂與人格分裂所致❾。

最後，法制工作的強調形成對政治道德之挑戰。過去道德政權一向以建立最高道德號召力為要，社會動員高度仰賴道德誘因，然而法制建設之重點，在摒除以人為核心的統治模式，刻意忽略政治領導人物個人所起的感召作用，而強調人人對自己行為負法律責任的社會動員方式，等於仰賴個人去為自己的行為找目標，這使政權的合法性基礎不期然地發生了非道德化的發展。

本書之目的，便是要透過對於大陸法學界的反思，來為中共法制改革與中國大陸法律文化之變遷現象作一歷史的註腳。本書第二章瀏覽了關於法律階級性之文獻，希望對社會主義法之本質有所檢討。第三章介紹了法學界有關法律作用的大辯論，思考法律之根本究係權利本位，抑或義務重心。第四章則抽撥中共法學家對法治原則的不同看法。第五章說明法制改革對政治運作的規範功能。以上各章均在討論法制在中國大陸是否具有特殊的文化性格，是否因社會主義意識型態而有所與眾不同。

第六章描述了中共憲政發展的簡史，並藉由海峽兩岸修憲實踐之比較，評估中共法制建設之進程。第七章仔細地蒐尋中共法學界對於

---

❾　許章潤，〈論犯罪的文化原因〉，《政法論壇》，2期(1991)，頁34。

官方人權觀持不同看法之非主流文獻，用以引證政治已非法學之絕對主導力量的現象。第八章分析了憲政主義法治與社會主義法制迥異的哲學前提，並爲兩者可能的接合找尋焦點。此三章所及均係改革開放實施以來中共法制工作所觸及的新現象。結論中，本書反思了中國特色法制改革的方向與前景

貳

中 國 特 色

二、本　質:
階級特性之分析

　　有關社會主義法制特質的論著有許多，除了探討具體的法律設計與規定之外，亦有從社會主義法制基礎理論著手者。一般而言，社會主義法制體系的範圍，包括了憲法、刑法與民法。比較新近的討論，還觸及了經濟法規❶。自從改革開放政策推行以來，不僅對現行的這些法規加以改革與現代化的呼聲十分高亢，就連對社會主義法制基礎理論的闡述也日漸活潑起來。本章從三個角度引介大陸學界對法制基礎理論的當代探討，除了重複一些耳熟能詳的馬克斯主義觀點之外，也引用了許多與古典法制理論未必相契合的法學文獻，從而證實大陸法學界正面臨變遷發展的關鍵時刻。這三種角度分別是，法制的階級特質，法制的實踐特質，與法制的階段特質。

(一)階級特質

　　傳統法制理論的核心，是以馬克斯主義的唯物史觀為基本出發點，研究法學的論述對此多有涉及，本無須在此贅述，但為使後來之觀點有可以比較對照的基準，故仍將對之作一略覽。

---

　　❶　這方面值得引介的一本書是陳處昌，《社會主義法制通論》（南京：南京大學出版社，1986）。

　　最能代表教條觀點的法制理論可以在列寧的法制建設思想當中反映出來，即法律被認爲是反映了階級意志，係統治階級用來對付被統治階級的工具。雖然在推翻資產階級政權之後，無產階級取得了專政地位，而且專政一事是不受任何法律限制的，但這不代表不要法律。正確的說法應該是法律要服從無產階級專政，否則法律便要修改、補充或廢除，蓋無產階級專政本身是團體的選擇，不受法律束縛，但專政工具中必然包括法制，故法制建設是屬於政體設計範疇❷。問題是，如果資產階級已經消滅，則法律這個統治工具要用來對付誰呢？繼續援用法律專政主要的原因，乃在於資產階級的自由民主思想與相關的法律概念，即使在今天仍有其市場：

> ……在我國，社會主義民主確實還很不健全，社會主義自由亦很不充分，還存在落後於社會發展形勢和人民的要求這樣一個問題……儘管類似十年動亂這種失誤本身就是違背、破壞社會主義民主自由的，不屬於社會主義制度本身，但它畢竟是發生在社會主義國家……少數黨員、幹部官僚主義嚴重，以權謀私，有些甚至違法亂紀而又得不到及時相應的懲治。上述情況是資產階級自由民主思想在我國仍有市場的社會原因。❸

　　在這種條件下設計法制，當然不能妄求要法律超越階級。法律體系的重要任務之一，因此是動員無產階級來參加國家管理的工作，所

---

❷　王啓富，〈論列寧的社會主義法制建設思想〉（上），《政法論壇》，
　　1期(1991)，頁2-3。
❸　李士紳，〈論兩種不同的社會自由觀〉，《新華文摘》，9期(1991)，
　　頁14。

以法庭其實是無產階級的一個政權機關。照列寧的看法，法制建設具有兩大作用，一方面是它必須對潛在的敵人起「強制的威懾和鎮壓作用」，以防止階級敵人恢復統治。而無產階級之所以能毫無掩飾地進行鎮壓，正因為他們明白法律的特質，故能取自法律，用在統治。另一方面，透過法律來鎮壓可以對無產階級民衆起教育作用，使得民衆更能遵守勞動紀律❹。否則，受傳統小農或小資產階級影響甚深的羣衆，很難能完全透過自覺迅速理解到自己已經昇為統治階級的優勢地位，而則社會主義制度下的人民主動性便不能適時發揮。

在大陸上，人民民主專政的主體範圍要比無產階級專政的範圍更廣，包括了所有與無產階級組成統一戰線的其它社會階層。既然統一戰線如此廣泛，專政就不能與民主分開，免得把對敵人的矛盾鬥爭手段，錯誤地擴大應用到包括「人民」內部非對抗性的暫時矛盾。專政是對敵人講的，民主則是解決人民內部的矛盾。社會主義法制改革是用以強化專政職能的，政治體制改革則是用以強化民主職能的❺。在民主與專政這兩種職能之中，民主應該具有根本性，但政法機關主要工作卻必須要採納「制裁、打擊、和專政的手段」才能達到保護民主的目的❻。換言之，民主秩序的穩定，必先仰賴專政工具清除人民之外的敵人方能獲致，把保護與提倡民主的事業，寓於打擊敵人與對敵專政的工作之中。

比較廣義的講法，則認為法制建設除了對敵人專政之外，也具有

---

❹　王啓富，＜論列寧的社會主義法制建設思想＞（下），《政法論壇》，2期(1991)，頁2。

❺　景屛，＜堅持人民民主專政，加強社會主義民主與法制建設——論建設有中國特色的社會主義＞，《新華文摘》，9期(1991)，頁5-9。

❻　王耀華，＜人民民主專政的基本特徵與政法機關的職能＞，《中國法學》，5期(1991)，頁20。

擔負鞏固民主的直接任務。而且，這個鞏固民主的任務，其重要性並不亞於對敵專政。畢竟，民主的範圍愈廣，則專政的功能也就相對淡化了。民主範圍擴大的根本保證，主要是生產資料公有制，公有制的鞏固端賴明確的法制工具與強大的監督機關來完成。

在實際運作裏，鞏固民主的工作，則是以調和統治階級內部的社會關係爲重心。這個工作其實往往佔法制工作中的絕大部分，用來鎮壓被統治階級的法律經常只是全部法律中的一小部分❼。在資產階級社會裏，許多民法的規定，便是在界定資產階級內部利益衝突的兩造間的權利義務關係，但這並不表示這類法律沒有階級性，這類法律間接但有力地確認了私有財產與生產工具的累積與佔有，才是享受法律權利的根本前提。

同樣地，在社會主義社會裏，由於爲了發展生產力而允許人民內部有部分個體戶與私營經濟的現象存在，然而這並不代表着無產階級法制工具的削弱。私營經濟是人民代表大會通過憲法所允許的，而憲法的原則之一是社會主義道路，所以那些能夠有權利在形式上利用私營經濟的人們，一方面不能否定他們對社會的義務，再方面不能推翻公有制爲主的經濟體制，如此方能眞正貫徹人民代表大會的意志❽。質言之，只有以無產階級爲統治階級的政權下的人民，才有權利從事私營經濟。所以社會主義道路與無產階級專政兩個原則已從根本上排除潛在的資產階級敵人利用人民內部私營經濟，從事復辟坐大的法律權利。

有的大陸學者甚至從更廣義的角度承認，法律有時候仍是有利於

---

❼　扶搖，＜科學認識法的本質屬性＞，《新華文摘》，3期(1991)，頁9。
❽　前引文，頁10。

被統治階級的。比如在資產階級社會裏，爲了解決統治階級內部的紛爭，贏取被統治階級對體制的認同，法律不但規定了無產階級最基礎的生活保障，甚至賦予無產階級平等的選舉權。許多資本主義社會不僅保障，甚至還鼓勵代表工人階級的工會與政黨參加決策過程，這一切卻並無害於在整個國家制度上對無產階級實行專政統治❾。所以，專政的本質，是消滅過去那個歷史階段的特定剝削制度，並不意味着也要剝奪舊剝削階級的民主權利。

對被專政對象給予法律權利保障的現象，正隨着科技的進步而逐漸遞增。現代社會中有相當大一部分法律是「技術規範」，如環境保護法、食品衞生法、海上交通安全法等，這部分法律主要宗旨是在調整人與自然關係下所引發的社會關係，故階級性低而社會性高❿，蓋這種法律不是階級利益的體現，而是社會共同要求的體現。卽令如此，法律的階級特質仍然決定這類法律的本性。一方面這類法律的通過必然要有統治階級的同意，故絕不可能超出旣存的生產結構所允許的範圍之外；另一方面，統治階級通過這一類的法律也只是出自統治階級本身的利益，而非出自照顧被統治階級的良善美意⓫。

比上述說法更廣義，亦距離傳統馬列教條更遠的法律之階級性分析，則不但未將法律純然視爲是專政工具，甚至還相信法律是同時規範被統治階級與統治階級的設計。在這種說法中，有認爲統治階級固然是在利用法律來強化被統治階級的無權地位，但法律並非統治階級直接制定的，而是由國家制定的。在政治上，由於各種階級集中起來

---

❾　郭道暉，＜專政的根本任務在於消滅舊制度＞，《中國法學》，5期(1991)，頁16。

❿　扶搖，前引文，頁8。

⓫　前引文，頁9。

形成相互衝突的利益關係，國家必須用法律使這種關係循着「規則」與「秩序」加以固定下來，「借以擺脫生產的偶然性與任意性」⑫。可見，法律規範的內容雖然對統治階級有利，並不能依此認定是統治階級獨享的專政工具。

既然國家機關的法律，對於統治階級有規範的作用，統治階級在設計國家機關結構時，自然必須也要在法制上保留對國家機關的監督權利。在專制社會裏，國家機構與統治的君王合而爲一，不會發生相互規範的問題。但在資本主義與社會主義社會中，採納的既然是民主制度，就發生如何劃分統治階級與國家機關的權力的問題：

> ……權力劃分問題，即權力主體與國家機關之間的權力劃分和權力在國家機構內部的合理分配。國家機構並非天然的權力擁有者，它不過是權力主體的工具。權力主體爲更有效的行使權力，才將那些不適合於直接行使的權力委託給國家機構去行使。權力主體與權力持有者（主要指國家機構）的分離，是法治產生的潛在前提。因爲權力主體爲了自己的利益必然要求用法律規範權力持有者的行爲。與此相應，國家機構內部的權力結構的合理分配也需要用法律加以確認，所以，法律既是權力劃分的依據，又是權力運行的依據，它保證權力運行的規範狀態。⑬

在這樣的分析之下，要將國家機關單純地視爲專政機關的看法，

---

⑫　趙長生，＜法律與政治相互關係之多重透視＞，《法律科學》，3期（1991），頁17。

⑬　前引文，頁21。

當然就失之過簡了。儘管國家機關負有對敵專政的任務，由於持有權力，本身必然要受監督，監督機關當中尤其要緊的就是檢察機關。過去對檢察機關的認識多在於其作爲專政工具的特質，忽略了它還有保護人民的作用。所謂保護人民，就是指對其它國家機關監督，防止濫權。文革期間，「四人幫」主張砸爛檢察機關，威信就是當時過度強調它對敵專政的作用，而未嘗考慮檢察機關也有對國家機關和其工作人員的違法行爲進行監督的功能。如果法律正確的實施缺乏有效的監督，法制建設當然不能落實。

依此推論，檢察機關不能稱作人民民主專政機關，而應逕呼之爲國家法律監督機關。這個地位，賦予了檢察機關相對獨立的個性，因爲檢察機關不再只是和其它「兄弟機關」如公安機關或人民法院那樣，專門而且並肩共同對付敵人，否則它就和兄弟機關「並無多大差別」❶。正因爲這種對檢察機關獨立個性缺乏認知的情形存在，當然就會發生文革期間那種到底要不要保留檢察機關的爭議。在這一點上，毛澤東特別被引述，謂曾指出，共性包含在一切個性之中，無個性即無共性❶。這種要求檢察機關透過對其它國家機關進行法律監督，承認其個性，並相信國家機關是獨立於統治階級之外，且能對統治階級有規範作用的主張，已在理論上使法制建設的階級特質在九〇年代益加淡化。

在列寧的觀念裏，法律監督的確不只是對被統治階級的要求而已，法律監督的對象還包括人民羣衆，國家機關，與黨員同志。從事監督的機關包括了共產黨與國家專設的監督機關，即國家監察人民委員會

---

❶　徐益初，＜人民民主專政理論與我國檢察制度＞，《政法論壇》，3 期 (1991)，頁27。
❶　前引文。

（後稱工農檢察院），並制定了檢察監督條例⓰。在中共官方的立場中，因爲反和平演變的要求，對於三權分立多所批判，故在學界主張監督的文獻中，多以權力制約爲名，以監督爲號召，而不常見有直接效法西方所謂以司法制衡立法與行政的主張。但是，仍有學者直言不諱地指出，司法機關獨立行使檢察權，立法機關有效地行使監督權均是三權制約，合理分工的條件，應該作爲人類「精神文明中反對專制主義的共同經驗總結」，不但不必摒除，還應將之視作對民主集中制「有益的必要的補充」⓱。倘若人類共同文明與社會主義無產階級法制建設可以相融，則法制建設的階級特質究係何物已不再相干。

(二)實踐特質

　　毛澤東將馬克斯主義的一些觀點引用到政治發展上的時候，特別強調要透過實踐來思辯的重要性。中國傳統哲學觀中本來也十分強調實事求是的作用，因而對於「行」的觀念，歷代知識分子均下工夫討論。毛澤東從實踐的觀點來闡述行與知之間的關係，認爲中國人對「主體實踐」的務實態度可以構成民族思想的根源。毛的實踐理性思想中因而可以說是具備兩種中國特色。第一，毛澤東相信，親身實踐改造世界可以有助於人在主觀上認識世界，而認識世界的目的，也是要使人能更積極從事改造世界的實踐⓲。毛的興趣，在於親身實踐階級鬥爭，才能將馬克斯主義活學活用，從而有了自力更生的立國原則。

⓰　王啓富，前引文（下），頁5。
⓱　吳慕君，＜論我國法制建設的戰略目標及其法制特徵＞，《法學》，9期(1991)。
⓲　王鳳賢與滕復，＜毛澤東思想與中國傳統哲學＞，《新華文摘》，9期(1991)，頁10。

　　其次，毛在行的理論上特別突出傳統哲學家所沒有強調的集體實踐。換言之，當毛談及認識與實踐的辯證統一時，他心中想的正是要求幹部到羣眾中去領導實踐，在這個過程中認識並了解羣眾，修正主觀認識，再回到羣眾中去實踐❿。在著名的不斷革命理論裏，毛努力地找出各種存在的矛盾。解決矛盾的方式就是實踐。透過實踐才能掌握事務之間相互轉化與相互依存的契機。在法制建設的過程中，對於透過實踐來建立中國特色的法制的要求，也引起學者們的重視，從而有各種不同的主張出現。

　　法制建設必須透過實踐來辯證發展的看法，在改革開放中再進一步地得到支持。中共在「關於制定國民經濟和社會發展十年規劃和『八五』計劃的建議」中的十二條基本經驗和基本原則的第一條就是要加強社會主義法制，而這方面的關鍵之一，在於是否能在堅持馬克斯主義的同時，不斷發展馬克斯主義，因爲堅持馬克斯主義的目的是要「解決」社會主義的實踐問題，旣然實踐是發展的，馬克斯主義當然也是發展的，則馬克斯主義法學也必然是發展的❷。要發展馬克斯主義法學必須從兩方面着手，卽必須深入研究馬克斯主義理論，更必須加強對中國實際情況的了解和研究，以能糾正過去法學研究中簡單化與片面化的傾向。

　　法學實踐發展所反映出來的，是一種不談普遍人性，只談具體人性的法律。如果承認普遍人性與生俱來而且長存，則法學便無發展可言了。事實上，法制的發展乃是社會上層關係的一部分，而實際的社會關係當中才存在有具體的人性❷，所以西方那種從普遍人性出發

---

❿　前引文，頁20-21。
❷　陳丕顯，〈法學研究必須堅持馬克斯主義指導〉，《中國法學》，4 期
　　(1991)，頁14。
❷　亞平，〈人的社會性階級性問題的歷史反思——兼評「人性便是主體
　　性」〉，《中國社會科學院研究生院學報》，5期(1991)，頁45。

來設計法制規範的作法明顯與人性存在於歷史實踐之中的主張格格不入。馬克斯主義中的人性，具體反映着人的社會性，也就是階級性，既然階級鬥爭的過程受生產力發達的程度所制約，如何在現階段設計出有利於發達生產力的法制理論，乃是實踐人性具體化的不二法門[22]。從這個角度出發的話，人性非但不能決定法制建設的方向，倒是法制建設作爲一種社會關係在賦予人性具體的內容。

文革的失敗經驗證實要將人民民主專政向無產階級專政過渡的時機在當前尚不成熟，但這並不意味着階級鬥爭仍是主要的矛盾。唯在實踐上仍不能忽視專政，主要因素是「國際上還存在妄圖顛覆我國社會主義制度的敵對勢力」[23]。法制建設的任務，除對敵專政，保護人民之外，也必須發展出一套制度，防止專政與民主相互侵蝕，這樣不強求卽刻過渡到無產階級社會，其實正是保障將來人民民主專政政體，能在擊敗國際和平演變勢力之後，能再轉移成無產階級社會。這種人民先於無產階級的統一戰線要求，恰是中國實踐自詡的對馬克斯主義的貢獻，也是指導着當前法制建設的原則，故法制的階段性任務之一，在於逐步擴大人民民主的範圍，縮小專政的範圍，而不在於純化無產階級政權。

馬克斯主義法學實踐最薄弱的環節，當屬在學院當中修習法學卻又沒有實踐經驗的專業法學本科生。這些法學學生未來卻是法律工作的中堅分子，因此，如何透過敎學使得法學學生能在主觀認知上去學習馬克斯主義的實踐發展經驗乃是一大挑戰。大學生的思想尚未成型，因此在接觸到西方的人權學說或三權分立理論時也展現出強大的

---

[22] 崔敏，＜人民民主專政是毛澤東思想的核心＞，《中國法學》，5期(1991)，頁5。

[23] 劉升平，＜要全面正確地理解人民民主專政的完整概念＞，《中國法學》，5期(1991)，頁7。

接受彈性，對於沒有實踐經驗的人來說，任何學說只要有相互通容的內在邏輯體系，多能具有說服力。中國大陸的法律教育工作者對這種現象憂心忡忡。而法學在這方面被中共官方視爲是重鎮，主要是由於法學在大陸是一門階級性特強的學科，而且法制建設又是反西方資產階級自由化當中最有力的專政工具之一。

　　大陸學者認爲，法學教學工作慣常分爲法學理論與法律業務兩方面，而馬克斯主義法學只通常在理論課堂講授，爲了使學生在法制實踐方面能學習結合馬克斯主義，故有學者主張，要「特別努力做到，在業務課的教學中，把馬列主義的基本原理、基本觀點滲透到課程內容中去」[24]。換言之，專業課程中不能只談技術性的知識，使業務課程的學習，能把同學帶進馬克斯主義的分析觀點中去，尤其是對西方法學觀點的介紹，自然也應當用馬克斯主義的角度去評價。要作到這一步，則法學界的師範教育恐亦必須鞏固加強，通用的教材教案，亦多得細心編纂，要求教師認眞學習。法學教育改革的目的，正是要「深化社會主義辦學方向」，爲「提高教師質量做出積極的貢獻」[25]。

　　這些強調馬克斯主義法學要透過實踐來中國化的主張，對於法律的專政與護民功能多所強調，但基本上並未脫離唯物史觀所賦予法律的上層建築地位，亦卽法律是反映下層生產力結構的諸多社會關係之一。這些主流的理論使得少數那些不從上層結構對下層結構全然依賴觀點出發的法學主張，格外引人注目。

　　有一種觀點就認爲，法律體系是自成一格的體系，其它的上層建築如政治體系，意識型態體系以及下層的經濟體系全部都屬於與法律

---

[24]　陶髦，＜教學必須堅持以馬克斯主義爲指導＞，《政法論壇》，1 期 (1991)，頁65-66。

[25]　前引文，頁67。

體系可以發生相互作用的環境構成因素。換言之，是否是上層建築並不是最重要的，最重要的是法律、政治、意識型態是否各自自成體系，以及這些自成體系者如何相互作用而形成一個自我調節的超體系❷❻。質言之，上層建築與下層建築是相平行的。法律實踐的涵義，因而是如何使法律體系與其它體系之間維持一種均衡的關係。

均衡關係的維持有主觀與客觀兩個層面。客觀的意義，在於法律體系必須反映其它體系對它的作用，不論是來自上層建築或是下層建築。主觀的意義，在於法律體系中的成員對法律體系的建立、發展和改變的實踐，對於其它體系自有影響，勢必也反映於其它體系的結構之中❷❼。簡言之，當其它體系對法律體系發生作用時，這個作用其實包括了早先法律體系對其它體系所曾起過的影響。體系之內部要維持均衡，則必須透過辯證使主客觀統一，這原是毛的實踐論。但體系外部與環境之間的均衡，則完全不是毛所形容的單向影響關係。在體系論裏的實踐觀中，上下層建築的區別被淡化了，相對的，法律體系的獨立性卻突出了。實踐的效果，是強化法律體系內部之一統，則其對環境（包括經濟體系）的作用也將隨之增加。

有學者認為法律實踐的重要意義，正是在於法律體系對其環境影響力的實際增加。實際影響越大，法律的價值越高。倘若法律單純反映了其它體系對它的作用，而不能對其它體系產生影響，則法律只有潛在價值，而不具備實際功效，此常見許多法律與判決雖然符合社會需要，具有法律上的效力，但在實際上或是得不到執行，或是不能被理解，或是被扭曲，使法律價值無法實現❷❽。所以法制建設中的實踐

---

❷❻　趙長生，〈法律體系的哲學思考〉，《法學》，6期(1991)，頁6-8。

❷❼　前引文，頁8。

❷❽　賀海仁與楊保軍，〈法律價值：效力與功效〉，《法律科學》，2期(1991)，頁15-16。

問題，首在於使法律體系能對社會體系成員的主觀意志發生影響力，單純從社會主體的外部行為加以條文規範，已不能充分實現法律的潛在價值❷。

從合理性的角度說，有時對法律實踐的過度強調，則使得法律體系可能只反映了政治體系的影響而忽略了經濟體系的結構，形成不合理的現象，比如一方面出現司法上確認了「三角債」，但經濟上不能理順債務，另一方面則有企業尚未破產，卻有破產法的制定敦促企業破產，像這樣的法律，不是起不了大作用，就是作用大到不合理的地步❸。這表示在法律觀念、法律意識培養能力薄弱的情況下，談將馬克斯主義法學中國化，陳義過高。馬克斯主義法學中國化的關鍵，在這最後的法律體系觀的角度裏，並不是如何將馬克斯主義的觀點注入判決之中，而在於如何使馬克斯主義法學觀點的發揮，具備彈性，使得其它體系對法律體系的影響，經過自成一格的法律體系內部有系統地整理出來之後，均能被馬克斯主義法學家接受並視為正當。

(三)階段特質

社會主義之發展有階段之說，早為學者所識❸。一般人所談的階段，指的當然是所謂的社會主義初級階段，在初級階段中，雖然封建階級政權已經被推翻，而由無產階級所取代，但是由於沒有經過資本主義階段，所以社會生產力仍然十分低落。所謂有中國特色的社會主義，具體地說，便是指在中國大陸人口多，自然經濟居主要的生產關

---

❷　前引文，頁17。
❸　前引文，頁18。
❸　高光等著，《中國社會主義初級階段階級結構研究》（北京：中共中央黨校出版社，1988），頁28-35。

係，底子薄，各地經濟文化不一致，發展不平均的情況下，得找出一條不走資本主義道路，而仍然能發展生產力的生產關係模式。既然生產力的持續發達，乃是歷史必由之路[32]，則法制建設的最根本作用，自然也應該是以協助創造生產力為主，而在初級階段裏，法制建設便應該要能有助解放生產力，故必須在設計法律規範時，容許多種所有制，發展市場經濟，保障商品流通，以便能調動個體積極性。

這個階段中面臨了的挑戰，乃是社會主義的力量雖然強大，但是卻不完善，因此在發展生產力的種種措施之中，有一些：

> 搞資產階級自由化的人，企圖利用我們進行改革開放的機會，
> 否定共產黨的領導，推翻社會主義制度；國際敵對勢力也企圖
> 利用我們進行改革開放的機會，加緊推行他們的「和平演變」
> 戰略，來摧毀我們的社會主義改革和社會主義制度……[33]

可見，法制建設不僅要調動個體的經濟積極性，還得要能透過實踐與教育，推動個體自覺遵守四項基本原則，才能使初級階段的生產力突破，不致於走出社會主義軌道。

內部的初級階段社會主義猶需放在整個世界發展的階段來看。大陸學界尚無公開質疑大時代的趨勢正走向社會主義者，所以對於大時代所處的階段，均視之為過渡階段。既然是過渡階段，世界上自然同時存在著資本主義與社會主義兩種制度，從而法制建設之工作，也就

---

[32] 中央電視臺，<走向英特那雄奈爾，歷史必由之路>，《解放軍報》，(1991年9月19日至23日)。

[33] 鍾正言，<努力建設有中國特色的社會主義這篇大文章>，《新華文摘》，9期(1991)，頁5。

不強求超越時代去設計社會主義獨自存在的階段才須要的法律，故法制工作不以推翻國際資產階級爲其訴求。

大時代中的過渡階段，勢必要經過好幾個小的次級階段才會完成，故要對於這些次級階段的發展進行分析，對於法制建設的階段特質之描述方能更爲具體。這些次級階段，或有稱之爲小時代者。當前小時代的特色，是從前一期所謂「戰爭與革命」階段進入現在的所謂「和平與發展」階段，而下一個小時代，將進到矛盾激化重新出現的飛躍發展過程，到那時候和平的現象終要被打破❸。法制建設在當前階段的任務，便是鞏固社會主義陣營，加強團結安定的環境，加速改革開放，爲卽將來臨的新的矛盾激化時代，預作準備。

在和平與發展的時代中，社會主義初級階段有其必須特別留意之處，乃是社會主義內部的人仍然是屬於不同階級的，這就提供了國際和平演變勢力滲透的機會。初級階段中的人性是複雜的，所以人的階級性不可能完全消失❸。內部的初級階段與外部的和平與發展階段的互動，使得法制建設工作變得格外困難，在階級鬥爭的問題上故而必須「保持清醒的頭腦」❸。

在這種前提下，法制建設的內容一方面要求其穩定，使發展生產力有軌可循，另一方面又要維持彈性，使過渡階段的複雜性能正確且有原則地獲得處理。主流法學者的意見似乎是重彈性而輕穩定：

> 對資產階級的各種理論學說，我們是應該根據馬克斯主義的理論，同它鬥爭，批判其反動的本質，而不是一筆抹殺，完全否定，或拋在一邊，不聞不問。同樣，對中國古代的理論學說，

---

❸ 吳健與王玉石，〈論當今時代〉，《國防大學學報》，2期(1991)。
❸ 亞平，前引文，頁51。
❸ 前引文。

也應當是這樣。這些理論學說基本上是為奴隸主階級、封建階級服務的，但在有關知識性的、技術性的、處理一些問題的方法的方面，有不少可取之處……在今天的我國，就是要根據是否適合社會主義初級階段來決定。不能籠統地說，古的東西是好的或是壞的，外國的東西是好的或壞的。㊲

根據這個道理，「處在初級階段，不能照抄教條」，「不能墨守成規」而要「用法律……解決實際問題」㊳。

初級階段的法律彈性，固然對於滿足生產力的各種實際需求會有貢獻，但彈性的根本作用，無疑仍是在於容許無產階級政權能根據實踐中的經驗，隨時修正，不僅可以隨着生產力發達而設計相適應的法律，更重要的是可以在無產階級專政本質受到影響時，隨時彈性介入。彈性的階段性法律思考，同時是滿足生產力需求和對無產階級統治地位維護的需求。

相對於對彈性的強調，有學者認為當前階段的法制建設重點是加強改善立法落後的現象，從速完成計劃法、投資法、銀行法、財政方面的立法與稅收方面的立法，透過法制，為治理整頓，深化改革創造安定團結的局面；而為了完善市場秩序，建立市場規則，又必須制定反不正當競爭法、商業法、消費者權益保護法、對外貿易法、信貸方面的立法與重點產業方面的立法㊴。具體地點出立法滯後的現象，

㊲　張友漁，〈當前法學研究的任務和方法〉，《法學研究》，4期(1991)，頁8–9。

㊳　前引文，頁9。

㊴　黃曙海，〈在治理整頓和深化改革中加強法制建設〉，《中國法學》，2期(1990)，頁29–30。

可以暴露發展生產力的過程中，是那些權利義務的模糊不清在阻撓進步。這種觀點的出發點，因而不是講彈性，而是要求澄清具體的規範。

正因為初級階段的階級關係複雜，除了公有制經濟之外，還有個體經濟、私營經濟與外資，不同所有制經濟的共同發展，彼此之間的合作與矛盾處理，以及他們各自有的具體問題，如果不納入法律秩序的軌道，反而使得本已複雜的階級關係更形混亂。為了避免這些矛盾「激化為大規模的、急風暴雨式的階級鬥爭」，也為了「保證社會主義的最高權威」，必須用法律把「不同的所有制形式、不同的階級、階層的地位，不同利益的分配確定下來」❹。

初級階段時受到不同所有制並存的影響，失範現象隨之而來。這些新添的偏差行為已不能如過去那樣一律指為反革命，因此有學者主張在刑法中取銷反革命罪名，而以更具體的條文來處理初級階段性質複雜的犯罪問題。取銷反革命罪名自然令人聯想到法律作為專政工具的性質好像式微了，故或斥之為「危險的抉擇」❹。但其它學者則感覺反革命罪的政治性太強，又非嚴格的法律用語，既模糊了初級階段發展生產力的任務，又不利於非政治性犯罪的懲治，實在不如取銷，代以更嚴格界定的刑事罪行種類❹。這兩種立場的對比，也顯示了法律的初階性質中有着彈性專政與穩定秩序的辯證。

主張法律要以建立市場秩序為主者未必就放棄了法律作為專政工

---

❹　朱景文，＜人民民主專政和社會主義時期的階級鬥爭＞，《中國法學》，5期(1991)，頁13。

❹　何秉松，＜一個危險的抉擇——對刑法上取銷反革命罪之我見＞，《政法論壇》，2期(1990)。

❹　王勇，＜危險何在——與「一個危險的抉擇」作者商榷＞，《政法論壇》，2期(1991)，頁7-12。

具的作用。在初級階段不能不談專政，但談專政時必須防止「專政擴大化」，所以人民法院「也要通過審判活動，採用民主的方法、說服教育的方法」防止矛盾的激化，並預防和減少犯罪❸。換言之，專政的功能，並不一定是由法律直接打擊敵人來完成，在初級階段中靠培養擴大民衆的自覺，也是法制專政得以逡其功效的間接，但是有力的途徑。

如果法律的功能在使初級階段中複雜的階級關係規範化，則法律的獨立自主性在此便又突出了：

> 隨着改革的推進，一元化利益結構被打破，多元化利益結構已經形成，不同階級、階層、地區、部門、行業、集團、企業、人羣和個人利益之間經常產生不一致，甚至出現尖銳的鬥爭和衝突。因此，只有法律，才能凌駕於以上各種利益之上……法律至上，就是人民利益和意志高於一切。❹

這種主張已經將社會主義法制的功能極度擴張，不但用法律來承認階級利益的不一致，而且用法律把不同利益之間的關係加以平等化，一切置於法律之下，則階級利益成爲社會上多元利益結構的源頭，其地位甚至超過了無產階級利益至上的生產關係結構，厥爲罕見的說法。

爲了能免於過去僵化法學觀的影響，法學者中有主張法學家應該明確告訴人們什麼範圍是可以做的，至於什麼是被禁止的是次要的問題，法學家要能做到這一步，就必須向現代醫學、心理學、生理學和

---

❸ 張懋，＜全面行使人民法院民主與專政的職能＞，《中國法學》，5 期 (1991)，頁19。

❹ 吳慕君，前引文，頁8。

社會學等領域學習，從整體上學習思索法學的意義，而不只是就一些特定的新現象促成其在法律上被認可。所以法學家要是沒有哲學、經濟學、文化學等科目的基礎，就不能對現代法制的生成與發展提供合理解釋與指導❹。在初級階段中，法學家作爲勞動階級的一分子必須先求自己法學素質的提高，才可能去提高其它勞動者對法律的理解，也才可能對發達生產力有所貢獻。對法學家素質的質疑，必然影響到法律在初級階段繼續作爲專政工具的信用。

(四)結論

在對社會主義法律特質的三個層面探討時，可以發現一個趨勢，即法學家對於法律是否具有獨立自主性已經漸漸有一個從無到有的光譜，不同的主張可以在這個光譜上找到立足點。比如在對階級特質的討論中，大陸學者有從專政工具出發者，但也有相信法律機關具有獨立個性者，其間則有認爲兩種性質兼具的。在實踐特質方面，有認爲法制的實踐鞏固了馬克斯主義在中國的地位，但亦有辯稱法律體系與其它體系之間其實是平行辯證關係，兩者之間則有強調要調和對敵專政與對人民民主的說法。在階段特質上，有看重法制作爲反和平演變，保證發展生產力必須兼顧社會主義本質的工具者，卻也有突出法律將不同階級利益多元化結構加以固定的功能者，兩者之間則存在把法律同時當成旣可以獨自創造安定的機制，又可以促進生產力的工具者。

社會主義法制理論如同其經濟理論一樣，正面臨着反省檢討的時期，法學界的討論時而有大膽創新之說，不論是三權制約而不分立的

---

❹　林喆，＜法學研究與生產力的進步＞，《法學》，8期(1991)，頁2-3。

迂廻提法，或是法律體系與下層經濟體系地位平行的世界觀，抑或是法律凌駕於階級之上而可以將階級利益多元化現象加以承認的主張，均是與無產階級專政，馬克斯主義中國化，或反和平演變等主流說法足以相庭抗理，但說無諱，且儼然已成體系的思想。這種現象的本身，也許才眞正代表馬克斯主義法學中國化的開端吧。

三、宗　旨：

權利義務之辯證

　　過去十餘年來，中國大陸各方面都經歷著觀點變革，舉凡文化、政治、經濟、企管等方面的有關學術討論，相當程度地反映了大陸學界各家爭鳴的熱烈氣氛❶。鮮少爲此岸學者討論到的，則是社會上對法學研究定位的辯論。此一辯論以有關「權利」之概念爲討論的核心，自一九八八年濫觴，迄今已逾三載。就像在討論文化時出現傳統與現代之折衝，討論政治時產生民主與集中的矛盾，討論經濟時接受市場與計劃的辯證，討論企管時承認經營與擁有的混淆，在法學研究領域中也正興起了權利與義務孰先孰後，孰重孰輕的爭議。這些各種類型的學術大爭執，明顯地勾劃出大陸社會思潮當中的主流思路，是圍繞著如何調解個體與集體之關係在打轉。在這一層意義裏，法學刊物上的權利本位與義務重心之爭可能最直接地觸及此一思路之核心。

　　本章目的在引介此一爭論之背景、內容及含意。第一部分簡短敍述了由社會主義初級階段論所舖下的意識型態背景，並說明個體與集體之辯證如何隱含在初階論的邏輯中。第二部分及第三部分則介紹權利本位之論戰內容如何透露出此一個體與集體辯證之原貌。最後一部

---

❶　有關各方面的觀點變革討論，請參見拙著，《中國大陸政治經濟原理：變遷中的市場社會主義文化》（臺北：五南，八十一年）。

分則檢討權利本位之觀點所隱含的政治文化變遷因子。

(一)初階論中的個體與集體矛盾

社會主義初級階段論的提出，是要解決文革十年之後，中共政權何去何從的定位問題。在這個定位問題解決之前，自然無法釐清政權所處的歷史階段以及所擔負的任務為何。文化大革命為人詬病者，即在於大搞個人崇拜，頌揚集體主義，從而給予毛澤東身邊的人一個坐大造反的絕好機會。文革的教訓，使得以無產階級政黨自居的共黨專政政權，面臨了信用危機，造成「黨和人民的優良的傳統和道德風尚在相當程度上被毀棄」❷。負有撥亂反正任務的社會主義初級階段論便試圖能在個體與集體的關係上，找出一個能重新喚起個人對社會主義向心的理論基礎。一方面，由於羣眾對集體幻像的破滅形成極端的個人主義與虛無論調；另一方面集體對個人的約束能力尚在，使得社會不滿的情緒難以轉化成創造性的宣洩。基於這種認識，中共理論家相信，社會主義的建設，必須要以調動個體積極性，使發揮主觀能動性為首先要著。為了做到這一點以能鼓勵個體的充分解放，中共政權率先承認它不知真理何在，而要以實踐來作為檢驗一切的標準，不再從教本出發，一切以解放思想為主，但求打破僵化與迷信❸。

然而，一個從集體文化中解放出來的人，未必可以就悟出個體存在的真諦，反而有可能更加地從事不利於社會集體的行為❹。此所以

❷ 胡繩主編，《中國共產黨的七十年》(北京：中共黨史出版社，1991)，頁477。

❸ 鄧小平，〈解放思想，實事求是,團結一致向前看〉,輯於《堅持改革、開放、搞活——十一屆三中全會以來有關重要文獻摘編》(北京：人民出版社，1987)。

❹ 謝遐齡，〈重釋五四精神，吸收儒學思想〉，《復旦學報》，3期(1989)。

有鼓勵致富的理論出現，認為要先能通過市場考驗並且創造財富才是光榮事蹟的說法❺。然而，致富本身所引起的相對剝奪感仍然掀起了俗稱的「紅眼症」，使得「容許一部分人先富起來」的既定政策，在執行上遭到了指爲是在製造精神污染的批判。如果解放思想與維護集體意識同爲社會思想教育之重點，則難免引發認知上的不一致，甚恐重蹈文革以來，羣衆無所適從的覆轍。社會主義初級階段論，卽在爲這兩種思想需要，覓得一個邏輯上可作爲取捨融合的指導標準。

　　根據初階論的說法，發展商品經濟來解放生產力，乃是不可逾越的歷史階段。雖然在正常歷史發展中，一個社會應該先通過生產力相當發達的資本主義社會階段，才進入社會主義。但是，由於中國受到帝國主義、官僚資本主義與封建主義三座大山同時壓迫，無法發展進入資本主義階段，只能直接進入社會主義階段❻。但是中國大陸生產力非常落後，故稱之爲社會主義的初級階段，也決定了在這個特定的歷史時期，最主要的矛盾，存在於人民日益增長的物質文化需要同落後的社會生產之間。在如此釐清當前歷史階段之特性後，中共中央決定提出「一個中心，兩個基本點」的社會主義建設道路路線。所謂一個中心，指的是發展生產力；所謂兩個基本點便是堅持改革開放與堅持四項基本原則（堅持社會主義道路，人民民主專政，共產黨領導與馬列主義毛思想）。

　　改革開放是直接服務於生產力之發展的。由於改革開放政策的執行，市場的力量在整體經濟運作中起了莫大的作用。但也有許多研究指出了其所帶來的負面影響，尤以官倒行徑最爲人所指責，再來就是

---

❺　《瞭望》，5期(1984)，頁1。
❻　中央電視臺，＜走向英特奈雄那爾——歷史必由之路＞，《解放軍報》，(1991年9月19日至23日)，連載。

社會上的奢靡攀比之風❼。而堅持四項基本原則之旨，卽是要匡正不良的社會風氣。從深層的哲學意義上看來，改革開放的堅持是要促成個體解放以便發舒潛在的生產力潛能；而四項基本原則的堅持就是從集體出發，提醒羣衆發展生產力的終極目的，並認識經濟計劃與政治秩序的重要性。不可避免地，這種同時強調兩個堅持的主張，仍會突顯個體與集體之間的矛盾：

> ……個人、集體和國家三者之間的利益矛盾……是集中通過勞動者個人同（國家或集體）企業的領導者和管理者，國家機關的領導幹部之間的矛盾關係而表現出來，具體來說，表現爲領導同羣衆之間的利益矛盾。譬如，反映整體利益的領導人員的決策和措施同羣衆中某些只顧眼前的利益，過分追求個人利益的不良傾向之間的矛盾……❽

解決矛盾的方法，是先要認識在矛盾關係中孰爲主導。一種方法是協調，先視利益的主體爲何，再決定分配的原則。爲了使不同層級利益主體間之矛盾得到協調，重點之一在於不斷發展生產力，所以要從根本上調動起勞動者的積極性。這樣的出發點便是傾向於個人利益主體的協調方式。在生產力充沛之後，分配問題自然較容易解決。若是從文化上與政治上來同時強調眼前利益與長遠利益，以及特殊利益與共同利益，亦有助於協調個人利益主體與集體利益主體之間的矛

---

❼　陳雲，〈必須糾正忽視精神文明建設的現象〉，輯於《堅持四項基本原則，反對資產階級自由化——十一屆三中全會以來有關重要文獻摘編》（北京：人民出版社，1987）。

❽　王瑞璞，雀自鐸，《社會主義初級階段黨的基本路線概論》（北京：中共中央黨校出版社，1991），頁51。

盾。這種方式雖不放棄按勞分配，多勞多得這種傾向個人利益主體的協調，但要求能透過精神文明教育使得個人能主觀的、自覺的將整體利益與長遠利益放在心中。其它配合的重點方式還有法律協調和道德協調。這兩種協調則是從集體利益主體出發，旨在避免個人利益主體向反社會主義的方向發展❾。

　　無論如何，自從初階論提出以來，類似這種個體與集體矛盾與協調的討論充斥在各個領域之研究中。在初級階段中為糾正過去集體主義濫用之實踐，中共自我要求將權力下放給地方、給企業、給個人，然後試圖能在主觀上改造個體行為者對自己行為認知的方式，期能使社會主義藉由有意識的認知努力傳承下去。這個作法除了因為經濟改革必須更進一步重視個體而受到挑戰之外，也在法學辯論中遭到質疑。質疑的來源就是本文以下的重點：權利本位論。

(二)權利本位論

　　大陸法學界有關權利與義務之辯論，肇始於一九八八年六月在長春召開的首次全國法學基本範疇研討會。權利本位說在此之後形成法理學中之一派。相較於權利本位說而衍生出與之相抗的有義務重心說，與認為權利與義務本相一致而無所謂孰重孰輕的無本位說或並重論。基本上，學者對於權利與義務是兩個互為因果的說法並無爭議，蓋權利享有者亦需盡義務方能保障自身之權利，故權利不僅創造了他人之義務，也創造了自己的義務，而自己的義務則是要保障他人在與自己相同的狀況條件下，也可以主張他人自己的權利。這種權利

---

❾　王偉光，《經濟利益、政治秩序、社會穩定──社會主義社會矛盾的深層反思》(北京：中共中央黨校出版社，1991)，頁116-118。

義務關係爲大陸法學界視爲一對矛盾關係。根據辯證唯物方法哲學，任何矛盾關係中，必有一方是起著主導與決定的作用。從而有了權利本位說：

> 權利和義務作爲一種法關係是一定社會物質關係的反映，其中權利是意志的物質表現，居主導方面；義務只是意識到法關係中應承擔的後果而爲權利者創造條件的活動，其主體的意志是被動的，只能適應權利主體的要求，居從屬地位。因此以權利爲核心或本位即是注意到了權利在特定法關係中的能動性。❿

這種強調權利爲主導的說法，當然不是純然概念邏輯的產物，而是有其歷史與物質背景的。權利本位說的學者們無不清楚地認識到，權利是一個當年資產階級興起之際，發明來對抗封建階級的一個概念性工具。換言之，在封建社會的法律觀念中只講貴族等少數階級的權利，而不談普遍性的權利，而資產階級提出的權利，是人與生俱來的一種天賦權利，故是普遍性權利，人盡得以享有，所以可以用來打破封建地主所獨自享有的特權。林喆就發現可以把權利看成是「一種謀取合法利益的手段」⓫。而且這種手段

> ……已不再是某特定個體的行爲了，它已經具有了普遍意義，已經成爲人人都可以進行的行爲了，而且作爲一種普遍的行爲

---

❿ 林喆與林中聖，<深化權利義務的研究——民主法制權利義務研討會綜述>，《中國法學》，1 期(1991)，頁39。

⓫ 林喆，<法律權利概念的解說>，《法學》，6 期(1991)，頁11。

模式，它還是人們可以反覆進行的行為……應該指出，普遍意義是通過某種形式的平等體現的。正因為在法律規範中貫徹了某種平等，才使得我們可以把握住它們的普遍意義，才使得我們可以進行人人都可以進行的行為。⑫

此所以資產階級在法律概念演進過程中所起的作用，是受到權利本位說所肯定的。然而，資產階級所創造出來的普遍性權利概念，並不是人人都有一樣的能力得以主張行使。大陸學者有一個共識，卽資產階級權利觀是圍繞著私有財產權這個核心的，所以脫離了私有財產制，資產階級就不需講普遍性權利了。對權利本位學派而言，資產階級有功有過。因為過去講特權的封建法制是必然要以義務為重心的，這是由於在自然經濟的條件下，人們重倫理與宗教，是從集體出發，剝削者是透過世襲取得權利。在資本主義社會裏，「權利屬於商品所有者，主體資格的真實程度及主體享有權利的多少取決於商品佔有量」⑬。普遍性權利之概念到了社會主義階段之後，就成了真正的普遍性權利：

……社會主義法以權利為本位，是由社會主義國家生產資料公有制和無產階級專政（人民民主專政）的性質所決定的。在公有制基礎上，在生產過程中形成全新的平等的分工合作關係。與此同時，實現了「各盡所能，按勞分配」的社會主義原則，在勞動分配這一尺度面前，只有富裕程度的差異。一部分人利

---

⑫ 吳玉章，＜論權利＞，《法律科學》，3期(1991)，頁5。
⑬ 張文顯，＜權利本位之語意和意義分析——兼論社會主義法是新型的權利本位法＞，《中國法學》，4期(1990)，頁30。

用經濟上和相應地政治上的優勢，奴役和壓迫另一部分人的現象已不復存在。這就為公民在法律面前皆為權利主體提供了根本的前提。⑭

　　就像資產階級的權利觀一樣，社會主義權利觀所處理的是價值問題與應然問題，而不是實然的問題。權利本位學派反對實證法學那種不問法律規範從何而來的自我設限態度。應然法不見得就是資產階級講的自然法，因為不同歷史階段，社會中人應該享有的權利會有不同。然而，假設「應然權利」之存在有其必要，否則實證法向未來發展的依據就不存在了。所謂應然權利，指的是「人類生活中的確存在著〔的〕……不因法律確認或剝奪而生滅的」權利⑮。所以，應然權利是法律實施的價值標準，沒有這樣的標準就表示惡法亦法，或實證法皆良法，缺乏判斷修正可資依循的根據。

　　正由於法律如此地受價值所影響，所以妨害了權利的行為就是妨害了他人正當利益的行為，都必須負擔起相應的法律責任⑯。而法律義務之所以能產生且可以合理的界定，均是因為法律本身乃是保障正當利益的。故所謂的權利，乃成為「國家創造規範的客觀界限」，也是國家創制規範時進行分配的客體」，依此推論，則法的「眞諦在於對權利的認可和保護」⑰。有了這種應然的概念後，才能反對講天賦人權或自然權利的那種權利觀⑱。相對地，也才更能體會：

⑭　　同前註。
⑮　　孫笑俠，＜權利本位說的基點、方法與理念——兼評法本位觀點論戰三方觀點與方法＞，《中國法學》，4 期(1991)，頁50-51。
⑯　　鄭成良，＜權利本位說＞，《政治與法律》，4 期(1989)。
⑰　　孫國華，＜法的眞諦在於對權利的認可和保護＞，《時代評論》，1988年創刊號，頁79。
⑱　　張文顯，《法的一般理論》(瀋陽：遼寧大學出版社，1988)，頁 167-168。

……基於特權設立的義務或基於奴役設定的權利都是不合理的，而只有「確認和保障平等的權利為宗旨去設定義務，才談得上權利和義務的一致性」。**⑲**

從利益、價值或權利出發難免會引起保守勢力對個人主義泛濫的恐懼。權利本位學派則特別澄清，權利之主體雖然是個體，但個體並不等於個人。因為個體並非指人格化的個人或絕對的自我，而是「普遍的，一個個具體的個體，是體現著個人、集體和社會統一的個體。」**⑳**換言之，個體是相對於集體而言的，若不存在於集體之中，則無個體權利可言。這種法學中對個體的理解，也在新近馬克斯研究的主體性理論中得到回應。王于和陳志良如此闡述「主體」與「我」之間的關係：

> ……「為我而存在」，「從自己出發」指的是一種關係，或者說是主體對世界的把握角度、方位、座標、出發點，並非是指世界是為某個個人、私人而存在的……必須承認人對世界的關係是為我而存在的關係，而且人類又把這一關係本身作為自己認識和改造的對象，從而使人的活動達到自由自覺。**㉑**

由這種個體與集體依存關係而得出的個體權利本位說，其目的不

---

⑲ 林喆，<權利與義務關係之爭——當代中國法理學熱門話題評介>（下），《法學》，5 期(1991)，頁14。

⑳ 張文顯，<改革和發展呼喚着法學的更新>，《現代法學》，5 期(1988)，頁6。

㉑ 王于和陳志良，< 主體性是馬克斯主義哲學的基本範疇 >，《 新華文摘》，9 期(1991)，頁24。

是要否定集體，而是要強調個體的不可忽略性，這或許對一向忽視個人利益的中共法學形成敏感的衝擊。有的學者如鄭成良則乾脆延展了個體的概念，以便把個體與個人分開。像社會團體、種族、政府等也有其權利❷。事實上法律關係主體亦可包括國家。所謂權利本位說是講個體權利這一點，並未否定集體。但是，一旦個體與集體之間發生了法律關係，集體「便不再具有法律上」的集體含意和優勢，使得每一種法律關係都成爲平等的個體之間的關係，不因爲個人是國家的一分子而矮化個人在與國家發生關係時所處的平等法律地位❸。這個主張雖然旨在賦予集體一種法律上的個體權利，表示權利本位說並未否定集體，但其根本的重點，無疑仍是在以個人爲內涵的那種個體，因爲法律以權利爲本位的目的，即是要把自上而下的權力觀念，轉向爲平向的權利觀念，或稱建立社會自身的「雙向控制系統」❹，從而削弱了集體的絕對優勢。

　　把國家集體當成法律上平等的個體還有更深刻的哲學涵義。葛洪義認爲歸根結底，權利問題是「一個個體在社會中的自主地位的問題」，權利本位說認可了個體獨立存在的價值，表示個體已不再依附於外部世界對自己的控制與奴役，這個外部世界可能指自然界，可能指其它的個體，當然也可能指個體所從出的集體❺。他認爲總有一天，法律不再是立法者或法學家來創造，而是客觀地反映個體自主性的活動，所以個體自主性便將成爲未來法律發展的趨力。基於對個體

❷　鄭成良，＜權利本位論——兼與封曰賢同志商榷＞，《中國法學》，
　　1期(1991)，頁35。
❸　葛洪義，＜法律、權利、權利本位——新時期法學視角的轉換及其意義＞，《新華文摘》，5期(1991)，頁16。
❹　張廣博，＜權利和義務的社會價值＞，《當代法學》，2期(1990)。
❺　葛洪義，＜論法律權利的概念＞，《法律科學》，1期(1989)。

自主性這種認識，以權利本位來保護這種自主性，殊有必要。在此，吾人又可讀出一個隱含的概念，即權利既然在反映個體自主性，其內容必然是歷史的，經驗的與發展的，而不是抽像的，天賦的。也正是這種論證，使權利本位學派在鼓吹個體權利時可以宣稱不是在反集體，也不是在反歷史經驗，更不是在為資產階級捉刀。

有了權利的個體很自然地會發展出高度的公民意識與自覺。因為，法律倘能堅持以權利為本位，這就「意味著一個社會對於人的價值的主動性、創造性的尊重」[26]。受到尊重的個人事實上應該被鼓勵去行使自己的權利。權利固然是個人可主張作為或者不作為的一種概念，但是吳玉章指出，權利行使猶應正確反映行為者的動機：

> ……當我們說權利主體應當具備一定的意志或意識才能行使權利，為或不為某種行為時，應當指出，這種意志或意識不僅僅侷限於對該行為有所認識，從而選擇一定方式的行為。實際上，這裏還包括了權利主體對該行為的渴望、歡迎，即這是他希望進行的行為。……無論為那種行為〔或不行為〕都是他希望的。否則權利就有某種義務的味道。[27]

被尊重的個人歡欣地行使權利，久而久之便可以「體現人民是國家和社會的主人」這種社會主義法制觀；只要國家「尊重、保障」個人權利，公民之公民意識可以增強，也會對法律產生「信賴」[28]。公民意識之內涵包括了「主體意識、權利意識、參予意識、平等意識、

---

[26]　吉大，文名闕漏，《當代法學》，3期(1988)。
[27]　吳玉章，前引文，頁5-6。
[28]　林喆與李中聖，前引文，頁40。

法治觀念、寬容態度、責任觀念」等要素，這是相對於義務重心說的
臣民意識而講的；社會主義下的公民意識是全民的公民意識，故是對
「國家政治事務、社會公共事務、經濟和文化事業的實際管理，是爲社
會也是爲自己創造著物質財富和精神財富，是個性的進一步發展。」❷
有了認知上的主體意識，社會主義的民主精神才可能得到發揮。

　　不僅社會主義中人民民主專政被認爲是發展權利本位說的根本前
提，更重要的，是只有透過權利本位的主張，才能眞正實踐人民當家
作主的要求。權利本位學派要求立法者必須從保障權利的角度來設定
義務，並且合理地分配義務；執法者則必須講究民主、公正、效率等
便民風格，如此才能是「夠格的」社會主義國家機關與人民公僕❸。
而以義務爲重心的法理學，將難以培養廣大羣衆自主地去監督國家權
力。如此一來，對於侵犯權利的行爲，便不能只認爲是侵犯了個人
的合法權利的行爲，而更是侵害了「作爲權利保護人的法律的權威和
尊嚴」❸。一旦人民當家作主的權利受到侵害，則生產資料公有制和
人民民主專政的性質也就受到侵害。正是這種社會主義公有制以人民
當家作主的上層政制建築，要求必須在人是自由的這個假定下來發展
法學。因爲人是自由的，無權利規定之處便不能作義務推論，無義務
規定之處則可以作權利推論，蓋法律規定權利的目的，不是要修改它
們或限制它們，而是要保障它們❸。這種理論近似於西方的法治觀，
所不同者在於平等和自由的眞實性，被認爲在大陸上是受到公有制的
施行所保證的。也正因爲如此，有些自由權利範圍之討論，其開放程

---

❷　張文顯，＜權利本位之語義＞，前引文，頁 31-32。

❸　孫笑俠，前引文，頁52-53。

❸　吳玉章，前引文，頁 5。

❸　林喆，＜權利和義務關係之爭＞（下），前引文，頁20。

度可以讓西方的學者大吃一驚。在論及言論自由時，顯明與國智便如此主張：

> ……如果禁止發表錯誤言論，把發表錯誤言論的行為排除在言論自由的保護之外，言論自由將因缺乏統一的言論價值標準而無法行使……
>
> ……真理却常常包含在少數人的個人意見之中。有允許發表錯誤意見的自由，這些意見就可能成為被未來所肯定的真理……否則……社會為之所付出的代價則是無休止的重覆探索。

> 　　濫用言論自由權仍屬於言論的範疇，即思想表現的範疇，因其不具有實踐性而沒有直接作用於物質社會關係的意義，尚不致給國家社會和人民利益造成直接現實性的危害。……這是法律不以言論歸罪的一個重要原因。❸❸

如此開放的權利本位學派另一個強有力的說服點，在於它解放了個體的思考方式，因而可以有利於在社會主義初級階段裡推展商品經濟。商品經濟首要能調動個體積極性，而權利正是「個體在商品經濟社會中居於自主地位的標誌」，因為透過法律對權利的保障，每個人都可以「在政治、經濟、文化生活中自主地謀求自身利益」❸❹。相對而言，凡是限制個體自主性的要素，都必須要從長遠的發展生產力的前提下來檢討其必要性。林喆有關有限政府的一段討論將為西方憲法學者擊掌叫好：

---

❸❸　顯明和國智，〈言論自由的法律思考〉，《法學》，8 期 (1991)，頁7-9。

❸❹　林喆與李中聖，前引文，頁40。

　　權利意識的樹立適應着商品經濟、民主政治和法制發展的
需要,唯有認真對待公民權利的政府才能喚起人民對法的信任、
依賴、尊重和遵守。商品經濟和民主政治要求一套既定的規則
和一個權力有限的政府, 非經正當法律程序並根據正當理由,
任何人都不能以統治階級或國家名義剝奪和限制公民的基本權
利。在商品經濟的基礎上, 人與人之間關係的基本準則應該是
平等的和自由的, 國家要平等尊重每個人的要求, 協調各種要
求的衝突, 將公民「應有」權利法律化、規範化。沒有經過商
品經濟充分發展的階段, 不可能有個人權利的觀念和平等、民
主、法治等觀念的普遍建立。㉟

商品經濟與權利本位是互為表裡的一套觀念。在資本主義社會和
社會主義社會均當如此,這是商品經濟的特性所決定的,而不是勞動佔
有關係所決定的, 勞動佔有關係是根據生產工具之歸屬而決定, 故只
可以決定誰能作為享受權利之主體。在大陸,這個主體當然應該是掌握
生產工具的勞動羣眾。在商品經濟發展過程中,發展生產力要靠勞動者
與生產資料之結合,故與勞動佔有關係無涉,這兩種生產因素是透過法
定的「人權」和「物權」而獲得保障。在社會主義初級階段的生產力潛能
亦必須靠對這兩種權利的尊重來發掘, 而且其成效要比資本主義高:

　　……在社會主義社會裡, 憲法和其它法律明確而肯定地宣布公
　　民享有廣泛的權利, 把人權與物權直接地有機地結合起來, 消

㉟　林喆,〈權利和義務關係之爭——當代中國法理學熱門話題評介〉(上),
　　《法學》, 4 期(1991), 頁16。

除了生產資料與勞動者的分離，以及勞動成果與勞動者的脫節，這就比資本主義制度更能有效地調動人民羣衆的積極性、創造性和主人翁精神，保證生產力的發展和經濟的飛躍。㊱

（三）反權利本位說

從實證法的觀點來看，權利本位說可能是不着邊際的。因爲法律之所以存在，其目的便是要創造個人義務以能維持起碼的社會秩序，故法之內容絕大部分是有關於義務的討論。要談權利就必須要超越法的界限。沒有談到權利的法律仍可成爲法律，但沒有提及義務的法律根本不是法律。法律不須要去關切人們如何行使權利，因爲人們必然會自覺的去掌握自己的權利；然而法律不可能假設人們會去自覺的負擔自己的義務，法律存在的根本原因，就是要強迫人們去執行義務。這是何以張恒山認爲，法律可以用義務規範來取代權利規範，因爲「任何權利規範都可以改換成爲義務規範」㊲。

從人類發展史來看，卽令是資產階級的法律也是以規定義務爲主的。因爲人類社會從原初自然界的看似無序狀態，轉變成統治階級所期待的有序狀態，則不得不靠社會上的個體成員透過行爲合致來完成。這不僅是不可能透過自覺完成，甚至還會受到有意識的抗拒。統治階級內部的爭執與受剝削階級的抵抗，使得統治階級秩序的完成，一定要賴法律來課以個人義務，故而法的重心在義務㊳。法律的實效在於法律在實際上被遵守。從實際價值的角度來看，義務規定要較權

㊱ 張文顯，＜權利本位之語意＞，前引文，頁31。
㊲ 張恒山，＜論法以義務爲重心＞，《中國法學》，5 期(1990)。
㊳ 張恒山，＜法的重心何在──評權利本位說＞，《政治與法律》，1 期(1989)。

利規定更有用。

其次，談權利本位說無疑是要以個人權利爲討論基礎。如果要把權利本位的主體妄加擴大，強說社會集體甚至國家也可以成爲權利之主體，則混淆了權利的意義。要是社會集體和國家均可主張權利，自然就變成個人的義務了。這種擴大解釋的權利本位主體，豈不是和權利本位學派所一再批判的「極端集體主義」同步一趨了嗎❸？所以，歸根結底，權利本位說必須是以個人爲權利本位之主體。

以個人爲主體的思考方式已在大陸學界掀起相當大的爭議。權利本位說咸信是會對這種個人主義傾向有所助長。儘管權利本位學派本身否定個人主義，也批判天賦人權，但仍受到許多個人主義有關的質疑。《光明日報》鑒於個人主義思潮泛濫，特刊專文主張「大造」集體主義輿論：

> ……我們知道，集體社會是個人的依靠，在個人與集體的關係中，集體是更根本的一個方面。義務和權利、貢獻和索取是聯繫在一起的，人的價值是由這兩方面共同決定的，而更主要的還在於責任與奉獻。集體主義並不否定個人的正當利益，而且還爲保護和滿足個人利益創造條件。集體主義才是人的全面發展，實現人生價值的唯一正確的道路。❹

比較不那麼極端的看法，乃是所謂的「無本位說」。無本位說的

---

❸　封曰賢，〈權利本位說質疑──兼評社會主義法是新型的權利本位法〉，《新華文摘》，5 期(1991)，頁 8。

❹　王求，〈個人主義是中國倫理生活的大趨向嗎？──評介中國倫理生活的大趨向中的人生導向〉，《光明日報》，(1990年12月3日)。

出發點照理不同於權利本位說，也不同於義務重心說，但鮮有涉及無本位說與義務重心說之間爭論的探討，似乎在學術立場上，無本位說與義務重心說皆是從批判權利本位說為基本點的。無本位說最初的觀點乃是法律之中權利與義務是二元並重的，但因為辯證矛盾之中必有一方為主導，後來則開始主張說權利與義務孰為主導本無一定，要視特定法律與特定歷史時期而定，因而雖然不否認權利可能成為矛盾之中的主導一方，但這不是通律。

　　無本位說也認為權利與義務任何一方均不可能單獨存在。一個法律對於統治者構成權利，對於被統治者就形成義務。而如果法律之中同時存在着權利和義務，根據唯物辯證法則，「矛盾的主導方面和非主導方面不是也不可能固定不變的」。過去的誤失，就在於未能就權利和義務的轉化提出研究，使轉化的條件能透過理論上的觀察來掌握，才會發生左傾或右傾的錯誤。可見「片面強調某一方面而忽視另一方面，都要吃大虧。」❹權利義務不可分的主張，才可以真正反映出個人、集體、與國家三者之間利益的一致性。公民意識倘若指的是無產階級當家作主的意識，則必須要把公民當成集體中的個體來看待，脫離了集體，公民如何自知屬於無產階級，如何當家作主呢？在這一點上，封日賢批判了張宗厚的公民是權利主體的說法❷，認為他所指之公民乃是公民個人。唯有同時強調義務，才能突顯公民的集體屬性。

　　無本位說進一步質問，如果強調義務面就會限制個人權利，妨害個人發揮積極性的話，不就表示個人與集體的利益是對立的嗎？八○

---

❹　封日賢，前引文，頁8。
❷　張宗厚，〈如果不在我們的法學旗幟上大書權利二字〉，《時代評論》，創刊號，頁75。

年代初期在《中國靑年》雜誌上由潘曉發表的一篇對集體主義質疑，後來引起一連串的討論的那篇文章中，卽已出現了所謂「主觀爲自己，客觀爲大家」的功利主義論調❹。透過利己來利他，透過主張個人權利來發展集體權利的主張，本也與鄧小平所謂容許一部分人先富起來的道理是相通的，都是在爲社會主義初級階段解放生產力而服務。然而，集體主義論者中有認爲此類主張把部分人的快樂等同於公共的福利，其實正是在宣揚個人主義的道德哲學❹，因爲透過個人利益的追求來增進整體公益的說法，沒有解決個體與集體的矛盾，只是把集體權利故意看成是個體權利的總合，所以仍然是把個人利益的實踐看成是最終目標，並未脫離個人主義的立場。

　　義務重心說在此亦提出方法學上的挑戰。根據權利本位學派，封建時期的法律因爲只講少數人的特權，所以這個法律是以義務爲主的，那資產階級的法也是在保障少數的特權，怎麼就能因爲在形式上採用了普遍性權利的語言，就認定是權利本位呢？換言之，權利本位學派在決定法律本質的時候，因爲歷史階段的不同而採用了不同的標準。如果是看權利義務是否平等分配來決定法的屬性，資本主義社會和封建主義社會同屬於義務分配不均的義務重心法律。假如說社會主義社會和資本主義社會都規定了普遍性的權利而屬於權利本位法的話，那豈不表示社會主義社會也鼓勵資本主義社會那種個人爲出發點的思考方式嗎？所以應該根據義務分配是否平等來觀察法律，才知道法律是否在爲少數特權服務❹。而在權利本位學派的法理中找不到標

---

❹　見《中國靑年》，8 期(1980)，頁 4 - 6。

❹　朱貽庭與秦裕，<當代中國的義利之辯與社會的道德價值取向>，《新華文摘》，2 期(1991)。

❹　林喆，<權利和義務關係之爭>(上)，前引文，頁19。

準來看當今社會是否仍有封建社會那種義務不均的狀況。而今天之所以知道封建社會義務不均，正是因為權利本位學派也同意以義務重心的觀點來看封建社會的法律。可見，義務重心說避免了只用個人利益的角度分析問題，從而保障了個人使不致於受到不均衡或不公平的義務分配。權利本位說表面上主張權利平等，反而有可能為不平等舖路，且無法在法理上揭露這種不平等。

上述最後這一點批判特別嚴重，因為它隱含了權利本位學派在為資產階級和平演變舖路的指控。王忍之就直接表明，「資產階級個人主義的人生觀、價值觀無論從任何意義上講，對我們的精神文明和整個社會主義事業都只會起腐蝕、瓦解、破壞的作用」，因此必須以「集體主義為核心的社會主義思想道德」相對抗❹。只有堅持權利義務一致性的學說，才能避免分割權利與義務，使少數人成為特殊的權利主體。既然權利本位說從其發生就有階級性，所以它對普遍性權利的昭告具有「欺騙性」與「虛偽性」，這個認識封日賢認為在當前極為關鍵：

> ⋯⋯在社會主義初級階段，雖然已消滅了階級對立，但由於社會生產力發展水平較低，商品經濟還不發達，權利主體之間依然存在差別，還存在同一標準適用於不同條件的人身上的問題；法律上規定的權利主體的平等權利，在實現過程中還會出現事實上的不平等⋯⋯如果不是去動員人民群眾，依靠自己的智慧和勞動，創造條件，為消滅這種「事實上的不平等」而努力，而是離開客觀條件主張權利本位，是解決不了實際問題

❹　王忍之，〈讓社會主義思想道德蔚然成風〉，《求是雜誌》，23期(1990)，頁7。

的。**④⑦**

這裡提出的一個嚴肅的問題，是法的屬性是由什麼來決定。權利本位說認爲是由勞動交換關係決定的，亦即看社會是處在生產力落後的自然經濟時期，生產力起飛的商品經濟時期，還是生產力極度發達的時間經濟（又稱自由經濟或產品經濟）時期。而無本位說或義務重心說則認爲法的屬性是根據勞動佔有關係決定的，亦即看社會是處在封建地主，資產階級，還是無產階級的統治之下。如果勞動交換關係決定法的屬性，則商品經濟裡講權利本位天經地義，而不必問誰是統治階級；如果勞動佔有關係決定法的屬性，那資產階級用的權利本位法不可能由無產階級延用**④⑧**。在社會主義的初級階段裡，是由無產階級專政來發展商品經濟，這個特性本身就決定了權利和義務兩學派之爭論乃是不可避免，義務重心說與無本位說旨在提醒，在社會主義初級階段裡，個人與集體利益尚未完全調和，所以要求個人服從集體利益是使個人得到全面發展的工具，否則必有個人利益超越集體利益而又不爲集體利益服務的問題存在，從而摧毀了集體利益的客觀存在，也否定了個體存在集體之中才能求得全面發展的必然邏輯。故權利本位說爲糾正過去只講義務之偏差自有其成效，但其混淆權利與權利本位這兩個概念，則被認爲是有走個人主義路線的錯誤作用**④⑨**。

---

④⑦ 封日賢，前引文，頁9。

④⑧ 陳烽，＜社會型態的兩重劃分與社會主義及其初級階段──兼評生產力標準說、不成熟說、補課說和空想說＞，輯於中共上海市委宣傳部編，《第一次大潮》（上海：三聯書店，1989），頁27-46。

④⑨ 義務重心說與無本位說承認個人有權利，但反對權利本位，唯恐此說鼓吹了個人主義。此一分析實已脫離了馬克斯主義之邏輯。法律旣是上層結構，如何能決定是否會出現資產階級個人主義呢？

(四)結　論

　　在有關權利本位說的辯論當中，最值得一個研究政治文化與政治認知的學者所可以關切之處，尚不是辯論雙方的論證邏輯與實際內涵，而是所透露出的一種將個體與集體之間矛盾加以深化並且突出的趨勢。如果從論證內容觀之，權利本位說強調的是法律形成之前的應然價值導向，以及法律規定之義務是如何地在為此一應然的狀態服務。另外兩個學派則是側重法律形成之後，其具體與實際的作用是要課以義務，兩者本勿須衝突。衝突的發生，在於權利本位學派必欲否定過去講義務的傾向，而且將權利本位說溯及資本主義社會，這就迫使義務重心說將論戰焦點集中在所謂個人主義與集體主義之辯證上。儘管權利本位學派一再否認彼等所謂之個體是個人的同義字，而且甚至將個體的涵義擴大包括了社會與國家，義務重心說與無本位說始終堅持權利本位學派在宣揚資產階級個人主義。重點不在於是否權利本位說真的意圖替個人主義說項，而是在義務重心說與無本位論所已然感受到來自個人主義思考的挑戰，深恐個人主義興盛流行，必欲將權利本位說定位於此，以便能從事批判資產階級個人主義的活動。批判個人主義才是此一辯論所隱含的訊息。

　　然而，與文化大革命甚或當年五四運動所最不同者，在於權利本位說並不是極端的反集體主義學說。如前所述，權利本位說承認法以義務為主要的實際內容，只不過要突顯此一義務之所以存在的原因，乃在於有合於特定歷史階段而應該存在的特定權利在主導。正因為權利本位說不是極端的反集體主義，它對集體主義所造成的威脅也應該是有限的。照馬克斯主義裡所追求的所謂人的全面發展觀點出發，一個集體應當是許多一個個自由人的聯合體。權利本位學派之強調者，

乃在於每個個體的自由本性，並未否定他們可以，或必然是聯結成一個集體的一部分。但反過來說，如果聯結成爲集體的個體不是一個個自由人，則集體之存在價值也應質疑。這點才是眞正的關鍵，亦卽社會主義初級階段是否有足夠的物質條件，容許一個個自由人實際存在。義務重心說與無本位說所感到眞正恐懼的，恐怕正是此種強調個體權利的學說，會鼓勵社會上的個人爲了追求眼前利益與局部利益，而形成相互敵對的團體。大陸的學者多承認在社會主義初級階段裡人民內部有矛盾，這種矛盾必須靠無產階級政黨來協調。協調之所以必然會成功乃是矛盾各方共屬無產階級，本無根本利益之矛盾。突出個體權利的說法，會造成人民內部矛盾激化成敵我之矛盾，一旦如此，無產階級政黨就不可能代表全體勞動羣衆了，因爲他們之中有敵我的矛盾，利益衝突是根本的，不是枝節的，所以共黨也失去了掌政的正當理由。

正由於這個辯論所反映的是對個人主義或局部利益的恐懼，所以使得權利本位說的存在給予人一種個人主義的印象。但是權利本位說卻也接受若干程度的集體主義，故義務重心說或無本位說難以藉政治力使權利本位說消聲。其結果使得個人主義的思考方式反而能藉着義務重心說和無本位說的批判觀點而延續下去。權利本位說適當地將個體與個人分開之後，也使得個人主義的因子可以依附於權利本位說而推廣，這個個人主義的因子當然不是權利本位學派自己創造的，而是另外兩派強加給它的。而照馬克斯主義的邏輯，這兩派的說法則有本末倒置之嫌。法律是上層建築，不會改變下層建築，只要下層生產結構是公有制，法律就不可能爲資產階級復甦舖路。可見兩派所關心的，不是社會主義，而是集體主義，不是生產力，而是生產關係。

顯然，大陸上集體主義正在受到質疑與挑戰。這種挑戰存在的證

據不是在權利本位說之中，而是存在於對權利本位說的批判之中。權利本位說愈軟化，愈顯得有彈性，就愈給義務重心說和無本位說帶來壓力，此所以後兩派否定個體的觀念可以擴大包容到社會與國家，否則便無法以資產階級個人主義的稱呼來形容權利本位說，這反而使得批判者益加顯得僵化，而有可能越來越傾向極端的集體主義。僵化與極端化的結果很可能便是使社會上有更多接受折衷學說的人，這些人在僵化學說的眼中，可能都代表個人主義。在此，王忍之的一段對社會主義初級階段的情勢評估足以發人深省，藉以引為本章結尾：

……由於……對社會主義建設進入新的歷史時期後客觀情況的變化認識不清……社會主義精神文明建設曾經遭到嚴重忽視和削弱。在此同時，資產階級自由化思潮、資產階級腐朽的人生觀，價值觀和種種文化垃圾卻泛濫起來……

……資產階級道德的基本信教是個人主義，它的產生和存在體現了資本主義財產私有權和人剝削人制度的要求……表現出唯利是圖、個人至上、爾虞我詐的利己主義本質。資本主義社會把人與人的關係變成赤裸裸的金錢關係，金錢成了資產階級人格和道德的真正標準……

……我們必須……進一步用……先進的道德把億萬人民群眾凝聚起來……堅定社會主義信念，培養集體主義思想……為我國經濟的發展、社會的穩定提供強大的精神動力和有效的思想政治保證。❺

---

❺　王忍之，前引文，頁7-8。

四、原 則:
社會主義之法治

(一)前 言

　　十年文革動亂已使中共領導人認識到制度的重要性，因此在後文革時期中一項重要的努力方向，即在於將政治運作加以制度化。一九八○年，中共透過人民代表大會，正式取消了四人幫時代人民有「大鳴‧大放‧大字報‧大辯論」所謂的四大權利，改而強調法制教育的重要性❶。其後在一九八三年的反精神污染動員中，高舉社會主義法制的旗幟，鼓勵各地公安人員要抓大案，抓要案，從而引起國際人權組織質疑中共對刑事犯輕率處決的作法❷。一九八六年年底的學運及一九八九年的天安門民主運動，均一再強化中共領導人對貫徹社會主義法制之決心，以爲是對抗精神污染與資產階級自由化的利器。

　　這種強調法制的傾向，其實相當程度地反映出主導意識型態已然鬆解的現象，致在社會整體之協調與管理上，不得不訴諸強制力，而難以再透過道德教化的方式去打動人心，動員羣衆❸。然而，過去四

---

❶　史美珩，＜建設有中國特色的社會主義政治＞，輯於袁木編，《黨的建設若干問題講座》（北京：當代中國出版社，1991），頁117。

❷　Amnesty International, *China: Violations of Human Rights* (London: Amnesty International Publications, 1984).

❸　石之瑜，＜被污染的道德──生產大躍進的歷史含意＞，《中共研究》，25卷1期(1991)。

人幫的問題是雙重的。一方面，四人幫被認爲是在利用黨來反黨，把人民內部非根本性的矛盾故意當成是敵我矛盾來鬥爭，故當前法制建設的要務之一，原本是要增強廣大民衆的「主人翁」意識，使他們能勇於「依法治鄉、依法治村、依法管理活動，並積極參加社會治安綜合治理」❹，而不再爲黨內反黨分子的作風所鼓動，影響社會的運行，所以法制在此是要對抗人治用的。但另一方面，法制建設的任務，又是在創造「安定團結的政治局面」，使改革能「有秩序」地「穩步前進」，所以不能不反無政府主義或「無法無天的鬧事」，否則把羣衆「一哄起來」，結果就變成「打內戰」❺，故先是要對抗四人幫大鳴大放而講的所謂法制，現在則也是爲管制民主運動而予以強調。

在談社會主義法制的同時，大陸政學界亦開始有對法制一詞進行反思的文獻出現。在西方國家談論民主時常與「法治」一詞相連接，而在大陸慣用的說法，則是「民主法制」。九〇年代對法制建設的討論中，則出現了對「法治」觀加以討論的興趣。一般而言，「法制」一詞所指陳者，乃是行事的官員根據法律來辦公，但不問法之本質；而「法治」一詞卻是在談法之原則，而非純粹爲法之具體內容。故談法治者所關切之焦點，莫不在於法之制定是否合乎公平或自然法則，此西方法學家動輒以人權保障，有限政府，私有財產權等超憲法觀念檢視一國憲政良善與否之理由。簡言之，法治觀念首重法之原則，而法制觀念則專注於依法行政。

然而，新近大陸學界少許對社會主義法治之探討，似乎表示法之

---

❹　桂世鏞與沈柏年，《學習中共十三屆八中全會精神輔導材料》（上海：上海人民出版社，1991），頁268。

❺　中共中央書記處研究室與中共中央文獻研究室編，《堅持四項基本原則反對資產階級自由化——十一屆三中全會以來有關重要文獻摘編》（北京：人民出版社，1987），頁374-375。

原則能否合乎公平良善之標準，已經在彼岸學界中受到注意。本章之
目的，則是要整理出諸種有關社會主義法制原理的說法，再比較其間
是否有歧異，以此來探討中共法學界的發展，是否已在面臨轉型。目
前可以歸納出來的法治原則可以大別之爲四類: 社會主義原則、中國
特色原則、民主政治原則、改革開放原則。社會主義法治原則係傳統
的階級鬥爭原則; 中國特色法治原則乃關乎中共統治經驗者; 而民主
政治與改革開放法治原則係新近提出之說法。現分別敍述之。

(二)社會主義法治原則

所謂社會主義法治原則，指的是社會主義國家立法過程中所必須
遵循的一些原則，符合這些原則方可稱之爲社會主義國家，概括言之
可包括四項基本主張: 生產工具公有，人民主權，科學的社會主義，
與社會主義民主。

相較於西方法治原則，社會主義法治原則中最大的特色便是公有
制。古典的憲政主義理論將私有財產制當成是神聖不可侵犯的天賦人
權，在馬克斯主義者的眼中，這種法治觀正好是資產階級法權的最佳證
據。在中共的法哲學中，公有制被視爲是資產階級法權瓦解的一項昭
告，故在憲法裏便以法的形式規定了「社會主義經濟制度的基礎是生
產資料的社會主義公有制，即全民所有制和勞動羣衆集體所有制」，
並強調此一規定旨在「消滅人剝削人的制度」。

上述這一點歧異，使西方代議士原本專以爲人民看管荷包的任
務，到了社會主義社會變得不相干。對社會主義代議士而言，他們的
任務是如何監督政府有效使用資源，而不在於決定政府可以擁有多少
資源。公有制的實施固然可能引起一些缺陷，但這不被認爲能改變公
有制的根本優越性，況且歷史經驗的累積應當可以使公有制進一步完

善，恢復私有制的言論，被視爲是在「挑撥勞動羣衆與國家和企業之間的關係」：

> 全民所有制是生產資料歸全體社會成員所有、占有和支配，這種所有制關係不僅表現在法律上有明確的規定，而且在經濟上也有確實的體現，這就是人們在這裡只能憑個人向社會貢獻的勞動參與消費品的分配，不允許任何人或集團利用對某部分生產資料的占有和使用而享有特殊的經濟利益……，說全民所有制條件下勞動者「一無所有」，是小私有制所有權觀念的一種反映。❻

由於在西方法治社會中不能行使生產資料的公有制，因而也無法處理民主被少數人壟斷的現象，蓋資本主義下貧富不均的所有制，在本質上就決定了「資產階級民主只能是少數人的民主，資產階級法治也只是資產階級實行專政的手段」❼。在社會主義法治觀念裡，人民主權所指的人民，不僅是名義上的全體人民，這點在西方法治社會裡已經做到了，而是實質上的全體人民。換言之，公有制的實現保障了人民主權的行使是由能力相等的無產階級全民所共享。

一般而言，對大陸社會主義人民主權最大的挑戰，尚非來自西方的法治理念，而是傳統的封建積習，雖說法律是統治階級意志的反映，但統治階級在革命奪權之前必是來自人民大衆，因而相當程度地

---

❻　胡鈞，＜社會主義國家必須堅持以公有制爲主體──評私有化思潮＞，輯於中共北京市委宣傳部編，《堅持四項基本原則反對資產階級自由化》（北京：北京出版社，1990），頁108-109。

❼　曾德垓，＜「法律制度」與法治＞，《法學》，7期(1991)，頁8。

反映新統治階級與人民具有共同利益❽。唯人民受到過去舊觀念的影響，未必能適時主張自己在新社會中本應享有的權利，或竟使得人民主權的觀念無法落實。所以在大陸上的法治障礙，並非少數人挾生產工具壟斷參政機會，而是人民主權觀念尚未生根:

> ……封建色彩很濃的傳統法律意識，在社會主義中國依然根深蒂固，甚至在某個領域還頑強的表現著自己，危害之大，是有著深刻的歷史和現實背景的，一個為法制現代化所需要的人民主權至上觀念尚未樹立起來……❾

中共憲法在總綱中開宗明義地點明了「一切權力屬於人民」的人民主權原則。但由於人民的主權觀不成熟，除了不斷進行法律普及化的教育之外，另一個必須特別堅守的原則，便是社會主義民主原則，藉由民主的推行，來保障人民主權至上的實施。過去或有引恩格斯的論點，以為民主只是一種手段，而毛澤東本人也認為民主「是為經濟基礎服務的」❿，現今的主流學說，則隨著中共十三大宣布要把「我國建設成為」一個「民主」國家，而且要通過政治改革以達「高度民主」，而開始把社會主義民主也當成了一種目的。作為一種目的，社會主義民主必須同時反對把民主當成專政和集中的工具，和把民主推到極端泛濫的無秩序或自由化的混亂局面。

基於這些考慮，社會主義民主原則必須要以工人階級為主導。工

---

❽　劉紹含，〈人民主權: 法制精神的精髓〉，《法學》，9期(1991)，頁2。
❾　前引文，頁4。
❿　《毛澤東選集》，五，頁368。

人階級其實在大陸上指的就是包括了工人、農民與知識分子在內的工農聯盟⓫，工人階級的民主可以獲得全體人民的支持：

> 説工人階級是領導階級，決不是說它處在社會主義民主政治之外。工人階級是建設社會主義民主政治的一支力量，並以平等的身分參加民主政治活動。工人階級不可能違背平等原則而凌駕於其它人民羣衆之上……由於工人階級有自己的政黨領導，由於工人階級的先進性，也由於工人階級與其它人民羣衆的根本利益是一致的，所以，工人階級在民主政治活動中能夠吸引，說服其它人民羣衆，從而起到領導階級的作用。⓬

這種由工人階級帶領的民主法治原則與西方法治中以個人主義爲核心的思潮格格不入。西方法治是以保障個人財產權出發的，而在中國大陸上，法治的良善與否端視法制對無產階級共有生產資料能不能提供法的基礎。依此而論，社會主義法治原則理論上是比西方法治原則更先進的一種法哲學觀，兩種法治原則分別反映出不同歷史階段裡生產結構的成熟性，故又謂科學的社會主義原則。

法是屬於社會的上層結構，照馬克斯主義的理解，必然是要反映統治階級的意志。生產力持續發展既然是一客觀的歷史規律，則屬於無產階級專政的最高生產力階段當然是採納公有制的法律型式。同樣的道理，無產階級法律之根本設計，亦不能危害到生產力的持續發展，否則勢必要爲歷史淘汰，這不可能會隨領導者之意志而轉變的。

⓫ 任靜，＜論憲法解釋＞，《法學》，6期(1991)，頁4。
⓬ 汪耀進等，《社會主義民主政治建設論綱》（天津：天津社會科學院出版社，1990)，頁120。

法對於生產力的作用不是直接的，「而是通過經濟基礎這個中介來實現的」❸。正是因為任何新舊經濟之間存在著客觀上必然的延續性，任何社會主義法體系均必須繼承舊體系當中的法治原則，方才可能具備充分的科學性:

> 就以商品經濟中的價值規律為例，儘管它在社會主義和資本主義這兩種商品經濟中的作用範圍和地位有所不同，社會主義國家和資本主義國家運用它來調節商品經濟關係的目的也根本不同，但它反映在社會主義和資本主義這兩種本質不同的民法中的內容確有相似的地方，它都要求商品交換以價值為基礎，在享有獨立財產權利主體的當事人之間，平等地進行等價值的有償交換。這就使新舊民法之間有一定的歷史聯繫，這種聯繫是新法對舊法批判繼承的依據。❹

法治中的科學原則故而要求領導人勿憑藉自己的個人意志來左右階級意志，個人意志絕不能透過法的形式表達出來。倘若領導者的個人意志「違背了統治階級的整體利益和意志，恣意橫行，也遲早會被本階級所拋棄」❺。這與西方法治中特別重程序，以能保障參政者個人利益的出發點迥然不同。科學原則事實上否認個人利益的追求應該主導法之實質內容，而以生產力與生產關係為標準，企圖從客觀上範定法所代表之階級利益與意志。

---

❸ 藍全普，關懷，郭德治，《幹部法律知識讀本》（長春: 吉林人民出版社，1986），頁8。

❹ 甘績華，《法學基礎理論》（天津: 中國法政大學出版社，1991），頁66。

❺ 藍全普等，前引書，頁6。

(三)中國特色法治原則

社會主義的意識型態在中國大陸上適用時，據稱必須反映當地特有的歷史文化傳統。故一些耳熟能詳的社會主義法治原則在中國化之後則產生了一些應地制宜的發展。所謂中國特色法治原則，概稱可以包括下列至少四種要素：人民民主專政原則、民主集中原則、政治協商原則與精神文明原則，分別簡述如下。

在西方的法治觀裡，專政與民主似是兩個相對立的概念，但是在中國大陸上，人民民主與專政則被視爲是一體的兩面。專政是針對資產階級講的，雖然所謂人民民主革命成功之後，大陸社會內部不應再有所謂的資產階級存在，但許多學者卻嚴厲批判這種專政無對象的理論，且進一步指出，只要國際資產階級存在，它便會用盡一切海內、外的力量扶植反動團體進行資產階級自由化，從而創造出人民內部的敵我矛盾❶。

人民內部民主權利的保障因而是堅持專政的理由，而不是反對專政的藉口，故也不應將人民民主專政等同於所謂專政主義❷。這個問題曾引起了法學界的辯論。有論者指出，共產黨在專政的前提下應當領導人民從事民主運動，「繼續爭取民主」，否則便有脫離羣衆之虞❸，從而反對過去《人民日報》上曾主張的，在共黨奪權之後便不能再提爭民主的觀念❹。堅持專政論的一方，則強調一旦資產階級被推翻

---

❶　孫紹有，＜人民民主專政的國家職能──兼駁「人民民主專政無對象論」＞，輯於北京市宣委編，前引書，頁194-195。

❷　王叔文，＜學習毛澤東思想關於民主和法制的理論＞，《中國法學》，1期(1991)，頁10。

❸　孫國華，＜民主建設必須納入法治軌道＞，《中國法學》，5期(1990)。

❹　張光博，＜談談馬克斯主義民主觀的幾個問題＞，《人民日報》，(1990年2月5日)。

了，便不發生「爭」民主的問題，只有「保護」，「擴大」，和「豐富」民主的問題，爭民主是一個國體問題，屬於法治層次，使民主充分體現則是政體問題，屬於法制層次[20]。換言之，人民既已爭得民主，誰還會要向人民爭民主呢？想必是資產階級。爭民主的說法正好反映了人民民主的環境裏，仍有專政的必要。

中共憲法中體現專政精神的關鍵，在於規定一切權力屬於工人、農民、知識分子與愛國統一戰線所組成的人民：

> 在人民民主專政制度中，民主與專政的對象（或範圍），都是由憲法和法律明確規定的，有著嚴格界限，不可混淆，更不允許顛倒。在人民民主專政制度中，民主與專政的作用（或職能），是密切聯繫，相輔相成的。
>
> 一方面，如果沒有專政，或不實行強有力的專政，就不能有效地鎮壓敵對分子和反動政治勢力的反抗破壞，人民的民主權利就無法保障，而且人民必然要遭殃。
>
> ……人民民主的權利越充分，專政也就越堅強有力。[21]

專政力量的體現，是以民主集中制為規範的人民代表大會。其與西方法制中分權的觀點迥異之處，在於民主集中制裏沒有總統制那種制衡的設計，也沒有內閣制裏那種多黨輪流執政，定期改選政府的規範。既然勞動人民當家作主，當然沒有理由要求代表勞動人民的共產

---

[20]　張光博，＜關於社會主義民主與法制建設中的幾個原則問題＞，《中國法學》，1期(1991)。

[21]　沈寶祥，＜人民民主專政在新時期的歷史使命──兼論民主和專政的辯證關係＞，輯於北京市委宣傳部編，前引書，頁185。

黨與其他民主黨派輪流執政，否則，豈不表示人民內部有無法化解的敵我矛盾，這在無產階級公有制的社會裏是違反常識的主張。只有在階級間存在著矛盾對立，或資產階級內部因為擁有各具利益的生產資料而必須爭奪領導權時，採取權力分立的制度才有意義[22]。

民主集中制是在安定團結的大要求下必須強調的原則。中共領導階層相信民主成功的前提是要能控制混亂，甚至動亂，而如果採用了制衡的政府設計，一定會常有人上街，一切「亂哄哄的」，無法從事建設[23]。安定團結仰賴嚴密的組織，民主集中制恰為其保證。高度民主下進行高度集中勢必得糾正「目前存在著的一些無組織無紀律現象」，方能貫徹少數服從多數，下級服從上級，地方服從中央[24]。基於這個原則，中共憲法規定必須由人民代表大會組織和產生包括行政機關、審判機關、檢察機關、軍事機關在內的政府部門，而且它們均對人代會負責。

專政與集中的法治原則規範了民主的本質必須是集體導向的，社會主義的集體性要更優越於無產階級的集體性，因為前者擴大了集體主義的範圍[25]，此所以中共憲法鼓勵在全體人民中進行集體主義教育，而且憲法本身便應該成為最好的統一思想與行動的途徑：

> 任何個人或團體的自由和權利都必須從社會整體利益出發，在

---

[22] 谷春德，＜人民代表大會制度是我國根本的政治制度——兼評資產階級的三權分立＞，輯於北京市委宣傳部編，前引書，頁206。

[23] 中共中央文獻研究室編，《鄧小平同志論民主與法制》（北京：法律出版社，1990），頁76-77。

[24] 金隆德、蔣仲輝，＜加強黨的組織建設＞，輯於袁木編，前引書，頁216-217。

[25] 許啓賢，＜集體主義是社會主義價值的核心——評「個人本位論」＞，輯於北京市委宣傳部編，前引書，頁280。

法制的保障下行使，這是民主權利的本質屬性，也是民主制度的內在要求……持久地、堅持不懈地開展社會主義法制宣傳教育工作，不斷把這項工作推向深入，對於更進一步用憲法和法律統一人們的思想和行動具有十分重要的意義。[26]

作好集中的工作時，當然不可以忽略民主。西方的法治觀將民主當成是個人參與政治的一項天賦權利。參政權也同樣是社會主義民主中的重要觀念。然而，西方的法治是要保證個人能藉民主參政來保護自己的利益，但社會主義法治理念則是認為民主參政係為調和人民內部矛盾服務的。所以西方的民主法治重制衡與防暴，社會主義的民主法治重調和與協商。集中的民主作為社會主義裏不可逾越的法治原則，正如同制衡的民主對於美國而言是不可凌駕的法治原則一樣，其理相通。中共倘若破壞了協商原則，只搞集中，就像是總統制之下的行政首長訴諸民粹主義式的羣眾支持，破壞制衡。民主是羣眾路線的體現，蓋社會主義的「成績要靠羣眾去取得，困難要靠羣眾去克服，新的經驗要靠羣眾去積累，新生事物也要靠羣眾去創造」[27]。

在政治協商與民主原則的要求下，中共在一九七九年頒布選舉法，又在一九八六年修改一次，容許選民十人以上即可聯名提名候選人，如此鼓勵差額選舉。而且，選舉定期舉行乃是以破除幹部終身制為旨。一九八七年，協商產生的候選人在常州敗給了自由提名的候選人，算是落實民主原則的第一步；九屆北京副市長競選時，首度允許

---

[26] 蔡誠，〈用憲法和法律統一人們的思想和行動，切實維護國家政治、經濟和社會的穩定和發展〉，《中國法學》，1期(1991)，頁5。

[27] 滕文生，〈加強黨同人民群眾的聯繫〉，輯於袁木編，前引書，頁196。

競選演說; 又縣級以下採直接選舉者已超出90%❷。

在中央層級, 必須努力建立多種協商管道, 重大決策先經各界協商, 協商原則之目的是在避免人大常委在作集中決策時發生脫離現實, 一廂情願的情形。西方的法治賦予民主參政者隱私權, 勿須討論決策動機, 故決策過程隱蔽, 以便能收時效, 在短期內累積充分政治資源, 透過交易來促成自己的利益。社會主義法治則反是, 要求決策前多方諮商以便能在人大討論之前先行取得合法性, 故而特別著重少數反對者的對抗, 也所以事前充分疏導乃是決策之先決條件, 切忌在會場上公然對抗表決, 破壞和諧象徵。十三屆六中全會對於貫徹民主協商提出了六大要求, 倘不認眞執行, 被視如自絕於羣衆:

1.……密切聯繫非黨代表和廣大羣衆, 經常了解他們的意見和要求。

2.加强共產黨領導的多黨合作和政治協商制度的建設, 密切同各民主黨派和各族各界人士的聯繫, 堅持重大問題同他們協商, 切實保障民主黨派成員和無黨派人士參政議政和民主監督的權利。

3.充分發揮……羣衆團體在加强黨同羣衆聯繫中的橋樑、鈕帶作用……。

4.……廣泛、深入、及時地聽取羣衆的意見……。

5.……不允許壓制批評, 打擊報復。

6.領導幹部要在……羣衆中結交一些敢於反映真實情况的朋友

---

❷ 鄭杭生, <人民民主專政條件下的民主——評「抽象民主觀」>, 輯於北京市委宣傳部編, 前引文, 頁220。

……發現處於萌芽狀態的問題。㉙

簡言之，社會主義法治原則下的民主，是以政治協商爲形式進行的諮詢與修正，並透過間接選舉來決定有權進行最終決策的集體領導成員，這與西方法治觀中，權力不可集中的前提，殊有不同。

中國特色法治原則中最後一個要素，是有關精神文明的強調。中共憲法將建設社會主義精神文明當作一項根本的任務，在本文中明確要求:

國家提倡愛祖國、愛人民、愛勞動、愛科學、愛社會主義的公德，在人民中進行愛國主義、集體主義和國際主義、共產主義的教育，進行辯證唯物主義和歷史唯物主義的教育，反對資本主義的、封建主義的和其它的腐朽思想。

這是以「法律的形式肯定了共產主義思想體系在意識型態領域裏的統治地位」㉚。

社會主義法治在剷除封建勢力的鬥爭中，對於西方法治觀裏的自由、平等、博愛之類大放異彩的概念自然應該予以繼承，不過必須是批判性、選擇性的繼承。所要繼承的是其反封建的本質; 所要批判的則是西方資本主義社會中人們在實際上擁有的資源多寡，相當程度地決定了對自由、平等、博愛等價值所能享受的程度。在社會主義社會中，既然生產資料公有，則實行法治所欠缺的唯一條件，乃是人民對

㉙　人民出版社，《中共中央關於加強黨同人民群衆聯繫的決定》（上海: 新華書店，1990），頁6-7。
㉚　藍全普等，前引書，頁69。

社會主義民主認識不足，因而

> 要在全體人民中堅持不懈地普及法律常識，增強社會主義的公
> 民意識，使人們懂得公民的基本權利和義務，懂得與自己工作
> 和生活直接有關的法律和紀律，養成守法遵紀的良好習慣。㉛

這種以精神文明工作來行憲的風格，並以憲法保障精神文明的法治原
則，乃是具有中國特色的所謂社會主義民主實踐內涵。

(四)民主政治法治原則

中國大陸法學界所提出的法治原則裏，與西方法治觀念最接近的
一組法治觀念，姑可稱之民主政治法治原則。其中基本的要素亦可大
別之爲四種：人權原則，有限政府原則，公開原則，與法制原則。

人權固然被認爲是資產階級推翻封建時所用的觀念，但其中如言
論自由、出版自由和輿論監督等耳熟能詳的西方法治要素，並不爲社
會主義制度所否定。卽以宗教自由爲例，宗教雖與馬克斯主義格格不
入，但把宗教看成是非社會主義的力量則失之偏頗，起碼中共的憲法
便對宗教信仰採放任選擇的立場，卽令是一九七五年的文革憲法中亦
明文規定宗教信仰的自由。像宗教自由這類的權利，在社會主義法哲
學中是超越於憲法之上的一種原則：

> ……在社會主義初級階段，只有切實保障「宗教信仰自由」，
> 才能最大限度地調動廣大宗教徒的積極性，同心同德建設四化。

㉛　中共中央書記處研究室，前引書，頁357-358。

說到底，宗教的消亡是與國家的消亡同步的，是一個極其漫長
的過程。所以，脫離實際,本末倒置地念念不忘「削弱」宗教，
客觀上只會引發離心離德的消極後果，是很不足取的。㉜

　　資本主義社會以憲法來保障人民的權利行之久遠，已經成為「人
類共同文化財產」，否定資本主義制度的社會主義政權自然不能抱著
要與資本主義文明斷然對立的態度，否則就會「作繭自縛，拉大與發
達國家之間的差距……，再也不能做這種蠢事了」㉝。因此,雖然大多
數的大陸法學家在談及權利時，均反映官方文書中所強調的生存權，
發展權等所謂集體人權，卻仍由一小部分的法學家甘冒風險地提醒法
學界個體人權的不可忽略性。蓋憲法傳統來源於民法，故又謂憲政精
義在能以根本大法形式確認並轉化昇華民法原則，其核心必須是「人
權、所有權和平等權，而人權、所有權和平等權是法律權利體系的基
礎。」㉞

　　另有學者在倡言社會主義法治時，明白點出法治的基礎「在於保
障每一個人的自由和權利」。

　　使個人自由、權利、利益、名譽和尊嚴不受到侵犯。民主和法
　　制作為一種制度，其重要目的是保護個人自由和權利。從世界
　　各國民主發展進程來看，人的權利的法律化、制度化是確立民

㉜　陸滬生，〈確立維護「宗教信仰自由」的憲法觀念〉，《法學》，4期
　　(1991)，頁6。
㉝　楊海坤，〈中國社會主義法治的理論與實踐〉，《法學研究》，1期
　　(1991)，頁10。
㉞　張文顯，〈中國步入法治社會的必由之路〉，《中國社會科學》，2期
　　(1989)。

主制度的核心⋯⋯以法律形式確定了人的基本權利。各國憲政的建立，包括社會主義憲政的建立，也都以保障和實現人的自由權利為標誌。㉟

為了保障基本人權而延伸的西方法治觀念曾進一步發展出了所謂「有限政府」的觀念，提倡個體權利的大陸學者因而也多能體會到「法律的重要作用是規定政治權力，約束和限制政治權力，防止政治權力的濫用」㊱。縱使是主流學術著作中也承認現行政治體制有實際運作缺陷，「集中地表現在權力過分集中」㊲。目前最流行的改革方案，把焦點多放在監督權的行使上。換言之，雖然人民代表大會是憲法上的最高權力機關，但它作為制約權力的作用仍未能發揮，一方面人大代表是間接選舉產生，從而強化了共產黨在其間的協調引導與影響，二方面也是有限政府的觀念本未生根所致。對法律監督的強調，是提醒包括人大在內的所有有權監督機關，只要憑藉法律，不必依賴政治，便可以發揮監督制約的作用。

法律監督的主體「包括所有的國家機關、社會團體、企事業單位和公民個人」，而且「監督者也必須受監督」，此所以法律監督必須建立在「人民民主基礎之上」，蓋人民同時為「法律的主人」和「法律監督的主人」，對法律監督的強調不能只著眼於國家機關，必須依賴「人民群眾的監督和社會監督」㊳。

法律能成為人民監督政府的利器有一先決條件，即法律不能成為

㉟　楊海坤，前引文，頁11。
㊱　前引文。
㊲　汪耀進，前引書，頁113。
㊳　邵誠、朱繼萍，＜試論我國法律監督的概念＞，《法律科學》，3期（1991），頁10-11。

受監督的對象所任意御用或擴張行使職權的工具。法律體系的獨立性一向是西方法治觀念中的關鍵環節，近來在大陸學界也引起注意。西方的憲法原本用來約束封建君主爲惡，使不能濫用立法或行政課徵稅賦。在社會主義國家，法律作爲國家意志本來反映了黨意與民意的統一，故在範圍上國家意志要超過黨意，也超過階級意志，因此黨或者特定階級均不能制定「體現國家意志的法律」，而必須循西方設憲以限制政府權力的經驗，使「社會主義國家的政治同樣必須在法律的軌道上運行」❸。法既然不是階級或政經結構的直接產物，當然有其獨立性，根據這個推論，人民法院爲維護法的國家意志，便不可受行政機關、團體或個人的干涉。

　　獨立性質的法在適用時難免發生疑義，法律解釋在目前大陸學界也見論者分析。西方法治社會多委由獨立的法院來解釋法律，在中共的憲法中，釋憲的工作交由人大常委，蓋理論上法律若是人民意志的表現，則由人民代表解釋並無不妥。憲法以下的最高司法解釋則是由最高人民法院與最高人民檢察院行使。在法律獨立的原則下，學者撰文批評大陸的司法解釋中，常出現兩院在涉及公民權利方面自行作出解釋，或司法機關偕由人大某委員會共同解釋的失範現象❹。這種出於法治觀念對司法解釋過程所進行的批判，毋寧反映了法律獨立原則已漸獲重視的新發展。

　　與有限政府息息相關的另一項西方法治原則 —— 公開性原則 —— 近也成爲大陸政治改革的一個焦點。除了在觀念上，民主政治本來就應該是公開政治之外，談公開的另一個目的則是希望能藉著對人民的

---

❸　郝鐵川，＜法的相對獨立性及其實踐意義＞，《法學》，4期(1991)，頁2-3。
❹　陳國慶，＜完善我國最高司法解釋權＞，《法學》，2期(1991)。

滙報，強化黨與羣衆的聯繫。在這一層考慮上，公開原則是上對下宣
導的出發點。但是，公開原則也有加強人民對政府監督的作用，此亦
是一些學界刻意引述列寧對無產階級要求「絲毫沒有隱私和秘密」的
理由：

> 沒有廣大人民羣衆參政、議政，就不能實現人民羣衆國家主人
> 和社會主人的地位和作用。而人民羣衆參政、議政的前提，是
> 了解政治活動的內容和程序，如果沒有政治公開化，人民羣衆
> 不了解政治生活的原則和內容，參政、議政也就不能實現。只
> 有實行公開性原則，才能使廣大人民羣衆……增強公民的民主
> 意識。❹

　　法治的完成則必須仰賴社會主義法制建設❷。所謂法制，簡言之
卽是政府運作有法可依，有法必依，依法行政，執法從嚴，違法必
究。此所以憲法規定任何組織或個人都不得有超越法律的特權。換言
之，如果能用法律來規定民主，可使民主具有權威性，也爲民主提供
了可以運作的組織形式❸，卽令是黨，都必須在憲法規定的範圍內活
動。西方法治當中很重要的一項實踐，在於排除武裝政爭，根據既定
的程序來維繫政權運行不墜，中共的憲法也特別規定武裝力量必須以
憲法爲活動的根本準則。而且黨的政策不能代替法律，必須透過國家
立法機關的執行，才能轉化爲國家意志。
　　自八〇年代以降，中共法學界一再呼籲要厲行社會主義法制。然

---

❹　汪耀進，前引文，頁197。
❷　郝鐵川，前引文，頁4。
❸　甘績華，前引文，頁127。

而有學者指出, 法的價值不在於實施而已, 而在要求其實現, 故謂憲法的實施已有十年, 但對於其「實現」仍然是「我國理論和實踐上的空白」。[44] 換言之, 法治之實現有待法制之落實, 徒然制定一部週延的憲法, 卻不能適時實現其理想, 反而使人們更加地不能信任法律, 壓抑人民的憲法意識。對於憲法根本制度當中的許多規定, 如何能從對制度設計原意與頒布過程的陳述, 更深入到能分析出憲法當中每條條文在「實現」品質上的差異, 用這種方式推行法制, 才能在人們心目中產生憲法意識, 鼓勵參予法律監督, 從而有利於法治觀念的鞏固。

(五)改革開放法治原則

即令是認為法律具有獨立性的學者, 亦多承認法律發展在歷史的長程中必然受到下層經濟結構的制約, 法的作用, 必須是一方面反映下層結構, 另一方面是協助解放生產力, 使得歷史前進:

> 法對生產力的發展是有作用的, 當著一種社會型態處於上升時期, 法對生產力的發展起著積極的促進作用, 而在一種社會型態處於衰退時, 它對生產力又起著阻礙、破壞的作用。但是法對於生產力的作用不是直接的, 而是透過經濟基礎這個中介來實現的, 通過調整社會關係來促進或阻礙生產力的發展。[45]

為了要促進生產力的發展, 法必須對因為複雜經濟關係而出現的社會現象作法律調整, 以便能使「經濟活動有一個良好的法律秩序」

---

[44] 劉嗣元, <憲法的實施與實現>, 《法學》, 7期(1991)。
[45] 藍全普等, 前引書, 頁8。

❹，故中共憲法賦予國家「完善經濟管理體制和企業經營管理制度」的權利，並且應「改進勞動組織，以不斷提高勞動生產率和經濟效益，發展社會生產力」。社會主義的法律因而有兩個經濟任務，鞏固作為社會主義核心的生產資料公有制；促進生產力的發展以改進人民的物質文化生活。

在改革開放的要求下保障公有制，自然不得不對所有權以及經營權的觀念加以釐清。中共憲法鼓勵國家要發展各種形式的生產責任制，並賦予國家採納「計劃經濟」的法源，以保證「國民經濟按比例地協調發展」，而且在城市土地屬於國有，農村土地屬於國有或集體所有的前提下，容許土地使用權以法律的形式轉讓，亦即容許出租。國營企業則在法律規定的範圍內，給予「經營管理的自主權」，集體企業亦「有獨立進行經濟活動的自主權」。

而鞏固公有制的另一層積極意義，則是要以法律保障公有財產不為官僚濫用揮霍，故除了上述鼓勵自主經營之外，還要「反對少數反社會主義分子大搞貪污竊盜、投機倒把活動，破壞國家計劃和財經紀律」❹。西方法治觀裏的經濟秩序，主要保障的是經濟發展賴以成功的私有財產積累；在大陸上的經濟秩序，則是要防止官僚藉人民的名義破壞人民生產資料積累的正常管道。兩種法治觀同樣是要保障經濟秩序，也同樣是要對政法官僚進行各種監督，但受到保障的客體卻明顯的有個體與集體之分。

更進一步的法治化，則仰賴人民把社會主義事業在主觀上當成自己的事業來發展，故必須「保障人民參加管理國家事務和各項經濟文

---

❹　前引書，頁17。

❹　陳處昌，《社會主義法制通論》（南京：南京大學出版社，1986），頁17–18。

化事業的權利」❹，如此方能調動勞動羣衆個體的積極性。中共憲法裏因而規定採用「按勞」分配的原則，並承認「在法律規定範圍內的城鄉勞動者個體經濟，是社會主義公有制經濟的補充」，對於私有財產部分同意有「繼承權」；一九八八年修憲時甚至加入同意發展私人經濟；對於外來資金亦允許利用，並保護投資者的合法權益。爲了鼓勵經濟活動，八〇年代卽已通過了「發明獎勵條例」，「技術改進獎勵條例」，「關於國營企業試行企業基金的規定」，九〇年代則進一步鼓勵股份化，採納合同制。

在西方法治社會裏，立法者的活動旨在保障私有財產，但在社會主義法治觀裏，所保障的不是財產權，而是使用與經營財產後的所得受益權。故國家是透過對所得消費能力的保障，來行使管理協調的職能，不是藉由財產權的法律保障來刺激經濟的發展，故在大陸必須

> 使生產經營單位和勞動者的物質利益同自己的勞動成果，及整個社會物質生產的發展密切配合起來，更好地發揮他們的積極性，使整個國民經濟呈現出一派生機勃勃、欣欣向榮的景象，逐步走上了穩步發展的健康軌道……運用法制武器的手段，使社會生產力得到迅速發展。❹

用法律保障私營經濟、個體經濟與經營受益權難免會引起所謂的姓社姓資問題，中共在一九八二年利用憲法前言處理了這個問題。基本上，前言透過了對歷史經驗總結的方式，肯定了中國大陸不得不走

---

❹　張式谷與張鳳羽，《社會主義與民主》（北京：中共中央黨校出版社，1991），頁126。

❹　陳處昌，前引書，頁23-24。

社會主義道路，也仍然必須堅持社會主義路線的最高原則。一旦憲法前言替中共憲法定了位後，中共政權屬於何種性質便不再有爭議，起碼在法律體系內不會有社資辯證的問題發生。私營經濟、外資、個體經濟均是在社會主義的前提下進行的，故是無產階級所同意的，自然不違反社會主義。

因為按勞分配而形成的貧富不均，於是變成了先富後富的時間問題，蓋在公有制與無產階級專政的前提下，先富的人有義務協助其它人走共同富裕的道路，所以貧富之間不存在階級的問題。一九八二年憲法乃是藉由這種法的形式，使得任何政策上彈性的作法，都變得在意識型態上成為可以接受的設計，而如果實際改革開放的結果被認為有害於整體的利益，同樣賦予改革開放合法性的四項基本原則，亦可以用來作為治理整頓的理由。換言之，政策的變遷與政治上的分合固然會對改革開放造成影響，但法的層面已不致於對改革開放的步調形成限制，此改革開放對社會主義法治原則內涵之影響。

(六)變遷中的社會主義法治原理

法治的概念原本是西方法學的產物，有個人主義的文化背景與產業革命的經濟條件在支持。社會主義下談法治者，則加入了集體主義的因子，使社會主義憲政系統所應遵循的原理原則與西方憲政民主形成有趣的對比。照西方學者自己的看法，憲法像是人民與國家間的契約，此乃從有限政府的觀點出發，故通稱為人民權利的保障書，其中最關鍵的，當然就是財產權以及為主張財產權而必須享有的人身保護與獨立司法審判。社會主義憲法原理要保障的則是公有財產制以及身為公有財產主人的無產階級專政權與接受共產黨領導的人民代表大會之最高法律權力。

　　過去大陸上所談的多是法制問題，對於法律制度本身與設計法律制度時之規範原則未作觀念上的區分，故惡法亦法的傳統觀念依然存在。法制本應是法治國家不可或缺之要件，唯法制之內涵必須反映正義的原則，故法治國家同時要求依法行政時之法律應當爲良善之法律[50]，正是這個良善與正義標準何在的問題，使得社會主義法治中有許多因子與西方法治的根本前提發生了明顯相異。然而，法治畢竟是西方法學的產物，引進社會主義法治觀的人，難免對於大陸原有的社會主義法制原則形成衝擊，造成變遷的潛在動力。

　　在前述四大類法治原則中，社會主義法治原則與中國特色法治原則可說是比較傳統的法制原理，而民主政治法治原則與改革開放法治原則傾向於是八〇年代中期以後的產物，也比較引起爭議。民主政治法治原則中許多觀念如人權、有限政府、法律獨立、監督、民主公開均頗接近西方法治理念。而改革開放法治原則所強調的生產力問題、個體積極性、經驗總結等則傾向於是爲經濟發展在舖路。這兩類原則的支持者彼此可能未必相互欣賞，不過同時受到傳統法制觀擁護者的反對。但由於這些法哲學上的觀念歧異明顯存在，來自傳統觀點的嚴厲批判適足以證明民主政治與改革開放兩種法治原則不僅嚴肅地存在著，而且來勢洶洶，仍在茁壯發展。

　　改革開放原則的支持者面對傳統觀念的批判，也多少接納了西方觀念中如法律監督、民主公開等說法以爲對抗，一些所謂經濟改革領導人對民主法治原則抱着模棱兩可的態度，使得民主政治法治原則這個最接近西方觀點，也最不受官方歡迎的法治觀（包括人權、有限政府），得以不斷地取得在法學刊物上出現發言的機會。八〇年代末期

---

[50]　楊海坤，前引文，頁9。

以來所爆發的法學本質究係權利爲本位，或係義務爲重心之大辯論，使得在政治上居於劣勢的民主法治學派得以大放異彩，在答問批判之間宣揚其法哲學上之立場⑪。因此講求生產力至上與解放個體的所謂經濟改革派反而是在爲同情民主運動的學說打開銷路（儘管號稱改革派的人未必欣賞有限政府這種觀點）。

　　無論如何，多種法治觀點的提出，使中共法哲學界的討論不再是一元主導的官式宣傳，從前述討論中卽可以明白看出許多勢必是爭論焦點之處。比如說，公有制原則與生產力原則之適用歧異，無產階級專政與有限政府原則之衝突，協商原則與集中原則的優先次序，科學原則與保障人權原則之完全牴觸，法制原則與人民主權原則的位階高低，精神文明原則與個體積極性之不一致，等等不一而足。究其根本，如果黨的地位在憲法序言中就完全加以肯定，則政府雖受法治原理之規範，卻仍不能拘束黨。黨與政府之間的關係在一九八二年憲法修正時刻意地被擱置，目的在使黨意必須透過政府方能變成國家意志，用意雖佳，但如此反而使黨的政治活動不直接受法治原理之規範。這對於一個地位超越於憲法之上的黨而言，拘束力似顯不足。黨受其黨綱直接約束，政府受憲法約束。黨固然應在憲法範圍內活動，但這對於黨會起什麼樣的政治領導作用，卻缺乏法的規範。

　　總而言之，由於黨與政府之間的法律關係不明確，使得對黨有信心的學者必須藉較抽象的社會主義法治原則來暗含黨對政府的當然領導，藉中國特色法治原則來鞏固黨的角色。前者藉人民行使主權與公有制來強化共產制度，後者則以民主集中，政治協商來保障共產黨的協調組織地位不墜。不信任共黨的學者則必須藉強化對政府的監督與

---

⑪　石之瑜，＜析中共法界辯論法學本質之歧異＞，《中共研究》，26卷 3期（1992）。

牽制來拘束黨可能發生的影響力，或者鼓勵生產力至上的說法來淡化黨的領導地位。

九〇年代社會主義法治觀點發生這種多元的變化已難避免，諸種觀點重歸一元的可能並不太大。像社會主義法治原則卽係中共政權合法性之根本理論源頭，自將爲主流教科書所一再引用。又如中國特色法治原則與改革開放法治原則乃是八〇年代中期以來發生的一對互不相容但卻共生的法哲學觀，前者在求安定團結，後者鼓勵開放搞活。在這種衝突下民主政治法治原則取得了一定的發言空間，可說是一九四九年以來，西方法治觀點首度正式登堂入室作爲公開辯論之一方。這一學派目前雖非主流，但對於未來法理哲學之探討多少起了一些刺激與震撼的作用。

五、功　能:
廉政監督之設計

　　大凡一個政權協調動員社會資源的時候，必須依賴某種誘因方可以使得民衆與之合作。一般區分誘因之種類有二種：利益誘因，強制誘因與道德誘因。咸信在一個革命政權剛建立的時候，必須仰賴大量的強制誘因來對抗舊社會的殘餘勢力來鞏固政權，也同時要靠各種道德誘因來激勵民衆共創理想的未來❶。強制誘因在初期的型態可能是不經假飾的赤裸裸的暴力，待政權逐漸穩固之後就採用法制的手段，以能將政權的革命理念以及對反革命之鎮壓都予以制度化與程序化。在這個意義上，革命政權成熟的歷程亦可謂之爲它法制化的歷程，而法制化的結果，很自然便使得所謂道德誘因所能起的動員作用逐漸降低，成爲不過是提供政權法制化的正當性基礎而已。至於政權領導人本身是否仍被視爲革命理想的化身，便不再是政權生存關鍵之所繫了。

　　中國大陸的政治領導人物自然也免不了要利用各種各樣的強制與道德誘因。西方學者卻發現，在中共的政治經濟發展過程中，並未明顯看出道德誘因已爲強制誘因所逐漸取代的現象。事實上，中共的經

---

❶　Alexander Dallin and George W. Breslauer, *Political Terror in Communist System* (Stanford: Stanford University Press, 1970).

驗似乎顯示， 這三種誘因的相對重要性 有類似此起彼伏 的循環關係
❷。尤其與眾不同的是，道德誘因爲中共一再地重覆使用，並未因爲
政權建立已逾數十年，而只變成了一個取得正當性的次要工具。本章
研究之重點，卽在於中共自從實行所謂改革政策以來種種有關法制化
之討論，如何已經將爭論之焦點，從動員羣眾到規範管理羣眾，演變
到今日出現必須要規範和管理中共政權的要求。

(一)法的作用

對於中國文化傳統中的法制觀念學者迭有探討。一個有趣的矛盾
現象， 是中國文化中雖然在一方面有重情講理但卻輕忽於法的傾向
❸，另一方面又有講求形式，重視典章的重文主義傳統，雖然重文主
義離現代法治的觀念尚稱遙遠❹，但勿寧是一種法制的原始型態。換
言之，法之內容固然可以依於情理而宜有彈性的適用，但法的形式則
不可不存。在這層意義上，法所具有的宣示性作用遠大過於法的強制
性作用，故法的形式其實在相當程度上仍是屬於道德誘因當中重要的
元素，而不是用來進行強制規範的工具。在中共制憲的時候，毛澤東
便指出此一根本大法之目的，是要「使全國人民感到有一條清楚的明
確的和正確的道路可走，就可以提高全國人民的積極性」❺。

雖然根據馬克斯主義的看法,法制是無產階級專政的工具,透過法

❷ Peter Van Ness and Satish Raichur, "Dilemma of Socialist Development: An Analysis of Strategic Line in China, 1949–1981," in *Market Reforms in Socialist Societies: Comparing China and Hungary* (Boulder: Lynne Rienner, 1989).

❸ 黃光國，《王者之道》（臺北: 臺灣學生書局，1992）。

❹ 張金鑑，〈中國法治的特質及演進〉。

❺ 《毛澤東選集》，五（北京: 人民出版社），頁129。

制工具來推動社會主義建設是天經地義的事, 但是中共政權成立的前三十年, 卻絕少眞正在利用法制來從事社會動員與協調。所以, 在中共的經驗裏, 強制性誘因與道德性誘因並非兩個並行的動員要素, 強制性誘因是經由道德誘因才能發揮效果, 故而對於階級敵人或是黨內反黨集團在進行鬥爭之前, 總要藉意識型態先給予道德否定。中共前三十年的統治生涯中, 鮮有將強制性誘因予以法制化的努力, 以致於法制建設長久停留在宣示作用的階段, 多少反映了道德誘因主導法制建設的傳統特質, 從而未能有規律地對強制誘因之使用加予規範。故當政權無法壟斷道德誘因或者對於道德誘因之使用發生歧見時, 強制誘因之使用便出現失控濫用的現象。可見中共的革命政權建立之後, 並未出現有要將強制誘因法制化, 從而使法制脫離宣示昭告階段的發展, 厥與前述西方學者之研究論述不盡相符。

這種將法制作爲宣示工具的作法, 不僅僅只是一種反映文化特性的自然現象, 也其實是中共領導人有意識的選擇。有關毛本人強調思想改造之論著極夥, 勿須贅述❻, 而思想改造成功之關鍵首在交心, 自我批判, 而非僅靠鎭壓異己而能完成。因此, 毛的主張, 乃是以走羣衆路線爲主, 找出社會關係中的各種矛盾, 刻意地推動兩條路線的鬥爭, 藉以喚醒民衆的專政與革命意識。項淳一引述了毛的一段談話, 值得轉述於此:

> 法律這個東西沒有也不行, 但我們有我們這一套。大躍進以來,
> 都搞生產, 大鳴大放大字報, 就沒有時間犯法了。對付盜竊犯

---

❻ 試舉兩例, Franz Schurmann, *Ideology and Organization in China* (Berkeley: University of California Press, 1966); John and Elsie Collier, *China's Socialist Revolution* (New York: Monthly Review Press, 1973)。

不靠羣衆不行。不能靠法律治多數人。多數人要養成習慣。軍隊靠軍法治人治不了，實際上是一千四百人的大會（指中共軍委擴大會議）治了人。民法、刑法那樣多的條文誰記得住？憲法是參加制定的，我也記不得。我們每個決議都是法，開會也是法，治安條例也養成了習慣才能遵守。主要靠決議、開會、一年搞四次，不靠民法、刑法來維持秩序。**❼**

用道德誘因來整合強制誘因的前提在於中共中央對於何爲道德誘因之內涵要有共識。但是自從生產大躍進以來，中共中央領導層卽出現分裂**❽**。分裂的後果已如前述，使強制力的使用缺乏了一個一統的道德含意。文化大革命中因而出現了以階級鬥爭爲綱，但是階級所指爲何卻極爲混淆的一場大動亂。由於這場混亂是中央開始，且由中央發動的，所以在文革結束之後，中共痛定思痛則發現過去中央這種未能實行法律管理，甚至輕忽法制的作法確有值得反省之處，故提出檢討，認爲中共建國以來未能重視制度，是「文化大革命得以發生的一個重要條件」**❾**。

重視法制的目的，則是希望能把國家強制力的使用透過法制化而產生規範。法制規範可能有幾種作用。一種最立卽的作用乃是能將對社會的管理定下一定的程序，使強制力的使用有既定的對象與方法，但最根本的目的，是要能藉「加強社會主義法制」，「搞好」社會治安，「轉好」社會風氣，「進行」社會建設，使「法律眞正成爲人民羣

---

❼ 項淳一，＜黨的領導與法制建設＞，《中國法學》，4 期(1991)，頁4。

❽ 扈穎航與官玉書，＜1959年廬山會議及其敎訓＞，《求是學刊》，2 期(1985)，頁71-78。

❾ 見中國共產黨中央委員會「關於建國以來黨的若干歷史問題的決議」。

衆、政法部門、公安幹警同犯罪分子「鬥爭的銳利武器」❿。過去學者所談的革命政權將強制力法制化的趨勢，終於三十餘年之後，爲中共在認知上所願意接納。

然而，有關中共政權談法制的眞正特色，並不是因爲它開始認爲制度化的強制才是統治之正途，而在於許多人發現法制規範可以有另一個作用，卽對強制力本身採取限制。正由於強制力之使用在大陸未能法制化，以及如此而形成的文革背景條件，已使中共學者認眞懷疑強制力作爲動員協調之工具價値何在。如果社會主義法制單純地將打擊罪犯的程序予以制度化，並不能保證過去以道德引導法律的風格，不會繼續限制法律之爲人濫用。換言之，社會主義法制之目的，不是要把強制力與法律結合，而是要把強制力與漫無標準的道德敎條分開。旣然傳統上法律受道德敎條限制甚大，將法與強制力結合並不能眞正解決強制力爲人所用，而成爲相互傾軋之工具的問題。所以強調法制的重點，便放在強調制度化的監督，亦卽對政府與對執政黨之監督。質言之，是要把道德及主義化身的黨與法制結構分開，用法制去防止黨與政府出現過去那種濫用主義，從而濫用強制力的現象。這個作用與黨想藉法制打擊犯罪之初衷不完全契合。

這種強調監督的法制觀當然與中國傳統亦不甚相符，甚至與中共四十餘年來的實踐迥異，然而對於如何監督黨與政府卻是近年來中共法學者所熱衷的問題。可見中共過去以社會主義爲號召，要作無產階級化身的自我道德期許已經不能成爲有效的社會動員途徑。相反地，這種自我的道德期許被若干人隱含地指出正是禍亂的根源。此所以在

---

❿　＜中共中央關於嚴厲打擊刑事犯罪活動的決定＞，輯於中共中央編，《堅持四項基本原則反對資產階級自由化》(北京：人民出版社，1987)，頁 257-260。

中共法學界所討論的法制，已從何爲社會主義法制的議題上，轉而成爲社會主義法制應發揮何種功能的討論上。加上在改革開放進行了十餘年後出現了許多官倒腐化的現象，則促成現今的熱門話題 —— 如何建立廉政監督 —— 在學界引起廣泛的討論。而對廉政監督的關切以及相伴隨的法制研究，不可避免地再一次透露政權以道德號召動員社會的作風終將東逝。

(二)民主集中制

主張廉政監督的一個根本理由，是要完善民主集中制。照大陸學者的看法，西方民主制度的最大缺點，在於那個民主所保障的只是少數的權利，而且西方民主政府所代表的，更只是那個少部分當中的一小部分。因爲西方民主是資本主義的上層建築，受到財產分配不均的影響，只有統治階級才有能力參政，所以西方民主裏所看到的代議士與政黨，最多只能代表局部利益，不能代表全部利益[11]。由代表局部利益的勢力去監督政府，並且輪流執政，顯然是一種藉國家公器分贓的制度。

中國大陸實行的社會主義民主在理論上則不會有這個局部利益超過整體利益的狀況。因爲在社會主義裏實行的是公有制，所以沒有剝削階級存在，自然也就使政府成爲勞動階級專政的工具。既然社會主義民主裏沒有剝削階級，代表勞動大衆與無產階級的共產黨當然就不像西方的政黨只是代表社會上的局部利益，而是代表整體利益。這就是何以憲法上要明文必須堅持共產黨領導的理由[12]。倘若代表全體勞

---

[11] 李青，《中國特色的社會主義政黨制度》（北京：中共中央黨校出版社，1991），頁308-309。

[12] 彭承福，《國情國策概論》（重慶：西南師範大學，1990），頁223-224。

動羣衆的共產黨也必須與其它政黨輪流執政，這就表示整體利益被局部利益取代，其含意則是剝削階級復辟。不可否認地，社會上由於生產力不發達，所以在一定時期內社會之中仍有矛盾存在。這些矛盾不是敵我之間的矛盾，只是人民內部之矛盾，因爲人民之間沒有剝削階級存在。代表無產階級的政黨之所以是不能取代的重要現實因素之一，正是它可以大公無私地調和人民內部的矛盾。要是容許這些因爲短期利益矛盾而形成的力量，可以輪流執政的話，那他們在執政時當然只求滿足自己的利益，如此政府就變成局部利益之代表了，這等於是用了資產階級的方法。如果由共產黨居中協調，可以提醒這些局部利益，在長遠的發展角度裏，他們的利益其實是一致的，如此才可以維護人民集體的利益。

　　共產黨雖然是無產階級全民政黨，但並不表示它可以爲所欲爲。它代表的是超過十二億人口的廣大羣衆，卻又很難可以面面顧到。這就決定了民主集中制決不能只停留在黨的辦事原則的層面上，而必須予以法制化，使得共產黨領導能眞正符合民主原則：

　　……由於經濟文化水平的限制，還不可能使每個羣衆都直接參予國家管理，而只能通過代表，集中大家意志作出決定，交「公僕」執行，公僕代表人民進行管理，這就是集中的原則。民主是基礎和前提，只有在民主的基礎上集中，集中才有力量，我國國家權力機關就是按民主集中制的原則組成……⑬

　　可見，共產黨雖然賦有集中民意的任務，它勢必得設計一套制

---

⑬　彭承福，《國情國策概論》（重慶：西南師範大學，1990），頁234。

度，使得它能夠隨時了解民意。過去毛澤東講羣衆路線的方法，經過
實踐發現有很大的缺點，即羣衆往往是被動的，必須要動員他們，而
動員的過程卻經常受到中央領導之間內鬥所影響，因而不能發揮走羣
衆路線原本是要來教育幹部的初衷。民主集中制成功的首要條件便是
黨不能孤立，否則就會出現文革時期的混亂，孤立於羣衆的黨必然會
犯錯誤，而有被人民遺棄的危險❶。西方的民主理論解決這個困境的
辦法就是輪流執政，定期透過選票檢定政府的合法性。這個方法不能
行於社會主義制度已如前述，在社會主義制度裏無產階級政黨的專政
地位，與資本主義社會裏的私有財產權一樣，具有神聖不可侵犯的意
義。但在資本主義社會裏倘若財富過於集中便會引發階級衝突，故須
定期的進行一定程度的財富轉移，以維持勞工階級生生不息❶。同樣
地，在社會主義社會中，專政政黨亦必須時時置身於羣衆之中，才能
防止脫離羣衆的錯誤再發生。

　　使得黨能正確執行民主集中制的方法之一便是黨內亦必須履行民
主集中制。黨內民主集中制的關鍵在於實行集體領導，反對個人崇
拜：

　　　黨的民主集中制和國家的民主集中制是聯繫在一起的。黨
　　對國家法制建設的領導應當是建立在黨內民主基礎上的民主集
　　中制的領導。黨的歷史證明，如果黨的民主集中制受到破壞，
　　權力過分集中於黨委，而黨委的權力又往往集中於幾個書記，特

---

❶　鄧小平，＜貫徹調整方針，保證安定團結＞，中共中央編，《堅持四項
　　基本原則》，前引書，頁100-101。

❶　顧肖榮，周羅庚與孫克勤，《黨制之爭》（上海：上海人民出版社，
　　1990），頁63。

別是集中於第一書記，黨的領導往往變成個人領導，那就必然要犯各種錯誤。……民主集中制……沒有成為嚴格的制度……民主集中制的破壞和「無法無天」是聯繫在一起的……制度和法律要不因領導人改變而改變，不應領導人的看法和注意力的改變而改變……⑯

　　對集體領導的關切尚只是對領導品質的關切，更基本的一個貫徹民主集中制的說法，是談如何制約權力。著名的經濟學家吳稼祥便曾分析腐化的根源在於權力的腐化，故而好像人人都有權力，人人皆官，但卻又人人沒有權力。他認為這是對權力求過於供的現象⑰。既然權力分立的理論不能適用於社會主義社會，所以張愛華主張用「法律制衡權力」⑱，郭道暉主張透過立法保障法定權利來制約權力⑲，李國基則主張用其它機關的權力來制約權力，比如靠黨的紀律監督或司法機關的檢察監督⑳。權力倘若不被制約，在轉換過程中便會變質。制約權力的根本目的，則在使具體的權力運行，能夠用於人民之利益，因為歸根結底，真正應該作為權力主體的，只有人民，只不過在行使權力時，這個權力的形式必須要交到個人的手中。

　　但上述幾種制約權力的主張均不完備，因為全都是從權力的外部來防止權力的濫用。劉作翔主張從權力的內部建立機制來防止權力腐

---

⑯　項淳一，前引文，頁9。
⑰　吳稼祥，論文（名稱、地點不詳，藏哥倫比亞大學東亞圖書館）。
⑱　張愛華，＜社會主義權威的理論依據是健全法律制度＞，《甘肅理論學刊》，1 期(1990)。
⑲　郭道暉，＜試論權利與權力的對立統一＞，《法學研究》，4 期(1990)。
⑳　李國基，＜反腐敗的長期性與制度化問題探討＞，《社會主義研究》，6 期(1990)。

化，所以他建議用責任來制約權力，使每個行使權力的人都要擔負權力行使後果所造成的責任：

> ……使權力主體對自己的行為有一種事先的預測，明確自己行為的後果，使權力主體的行為受到一定程度的限制、控制和約束，「三思而後行」……使權力主體的價值取向和行為選擇向著合法的、正當的、有利於人民的方面發展。㉑

　　用責任制約權力不能只依賴責任規範的建立，否則仍然只是在權力外部制約權力。因而用責任制約權力靠的是一些監督機關，根據政治與社會的規範，建立起行使權力的標準後，能專職監督是否權力的行使能符合規範。另一方面，違反規範的法律責任必須明確，所以監督機關在觀察權力行使時能界定法律責任，如此一來，權力行使者便無所遁形。可見監督機關的法制化是民主集中制法制化的先決條件，也是當前進行政治體制改革的關鍵。

　　本章以下將把討論集中在兩種監督機關上。一種是多黨協商制下的各個參政黨；另一個是人民代表大會。從這些討論當中，希望能看出今日談民主集中制與政治體制改革者有很大的程度是要用法制來管理權力的行使，這與一般觀念中社會主義法制是政府用來打擊犯罪的印象，頗有出入。像這樣將制約政府與黨行使權力當作題目來討論，多少反映了黨和政府已不再是以道德號召作爲統治工具的趨勢。

㉑　劉作翔，＜廉政與權力制約的法律思考＞，《法學研究》，5期(1991)。

(三)多黨協商制

雖然在社會主義制度裏，無產階級專政黨無可取代，然而其他政黨仍有存在的條件，甚至這種存在是必要的。這些政黨代表著過去民族資產階級的後代，儘管他們現在已變成了勞動大眾的一部分，他們過去的社會集團和社會層級仍然存在著，而且會「長期存在」。他們在內戰期間與共產黨組成統一戰線，彼此之間早已培養了良好的合作默契，所以這些政黨代表着固然是不同「經濟利益，生活方式，文化素養和覺悟程度」條件下的政治要求，他們的觀點和願望自宜適當的予以反映❷。事實上，這些政黨在當年一九五六年之後進行的國營化總過渡時期裏，爲資本主義工商業的和平改造減少阻力。卽令今天，這些政黨仍與大批知識分子維持良好的關係，這些人都是現代化過程中不可或缺的力量。

正由於這些政黨的社會脈絡有助於共產黨聽到人民的聲音，所以成爲民主集中制中的一個關鍵。但只是單純地表達意見仍然不足，這些民主政黨仍必須與共產黨相互監督。毛澤東自己也認爲幾個黨比一個黨要好❸，如此可以防止共黨及其國家幹部從社會公僕變成社會主人。自一九七九年改革政策實施以來，民主政黨的人數已經擴增了約五倍之多，顯見他們確有發展的客觀基礎。從黨員的性質來看，陳春龍認爲可以分成四大類: 與國民黨有歷史聯繫的政黨; 與原來民族資本家有聯繫的政黨; 與知識界有聯繫的政黨; 與華僑有聯繫的政黨。他覺得民主政黨要發揮監督作用，必先建立自己獨特的黨風:

---

❷ 陳春龍，＜堅持和完善多黨合作的政黨體制──兼論政協的法律地位和政黨立法＞，《法學研究》，１期(1991)，頁1-2。

❸ 《毛澤東選集》，五，頁278。

所謂增強政黨意識，是指非要有自己是作為一個政黨存在的觀念不可。如果不把自己當作一個名副其實的政治組織，把自己等同於一般羣衆社團，僅僅去做一些社會服務性工作，自身都無「政」可言，怎能談得上「參政議政」呢？……要有本政黨自己獨立的政治綱領和政治主張……資本主義國家的各個政黨就國家的大政方針和治理方略各自提出不同的競選綱領。撇開階級實質不講，資本主義政黨制度在成功地維護其階級統治，促進資本主義發展方面的經驗，是值得借鑒的。❷⁴

民主政黨在建立自己黨綱時，當然不能違反共產黨的基本方針政策，但他們仍可提出批評建議。如何在監督、批評與不違反共產黨方針之間拿捏想必是十分需要政治藝術的事。陳春龍因此建議應該要把八個民主政黨全部列進憲法。因為憲法已經把共產黨列入，而共產黨與民主政黨之間如要穩定久遠地保持「長期共存、互相監督、肝膽相照、榮辱與共」的合作關係，民主政黨與共產黨之間在憲法的關係上，應該維持平行的地位。將民主政黨作參政黨的地位列入憲法，使得批評建議與相互監督成為一種法的義務，同時也可以保障八個民主政黨的存在權利，這對民主集中制之法制化極為重要。歷史上民主政黨就曾因為文革時的左傾政策而被禁止活動，而如果中共對待民主政黨的前述所謂十六字方針只停留在中共黨內文件規定的層次，不足以眞正將多黨合作制給法制化。目前對民主政黨雖然採取鼓勵的態度，但對它們的態度仍有懷疑的成分：

---

❷⁴陳春龍，前引文，頁3。

……民主黨派增加了新鮮血液。但是，這些新成員沒有新舊社會對比的親身感受，對民主黨派的優良傳統認識不深，對民主黨派與中國共產黨長期合作的歷史不熟悉。前些年社會上資產階級自由化思潮泛濫，對民主黨派中一些成員也產生了不良影響，忽視思想教育的情況在民主黨派中也同樣存在……㉕

由此可見，將民主黨派的地位憲法化的主張有其特殊意義，有在法制規範上防止共產黨將彼等活動再度停止的作用。

一九八二年憲法首次有了「各政黨」的提法，要求各政黨均應遵守憲法與法律(第五條)。中共之中央文件則為因應六四事件之發生，在一九八九年底詳細規定了許多多黨協商與監督的措施㉖，但陳春龍認為這只是黨的文件，還稱不上法制化。倘若真依他的想法，將八個黨派名字都寫進憲法，是否會因而阻礙新黨的加入？其實多黨協商只是配合歷史條件下的一種協商管道，其它的社會力量自然可以透過其它協商管道對中共提出批評，進行監督。為了慎重起見，陳春龍仍特別建議將來實行一國兩制的時候，臺灣地區可能參加合作的政黨亦應在憲法預置條款中加以列舉㉗。關於憲法如何保障多黨合作制，有些學者建議可以要求中央與地方透過立法來保證定期召開各類協商會議，做到「決策前有協商，過程中有諮詢，事後有監督」㉘。總而言之，中共重新強調多黨協商以能廣納民意是受到肯定的，但學界仍憂慮這

㉕　李青，《中國特色的社會主義政黨制度》(北京: 中共中央黨校出版社，1991)。

㉖　卽<關於堅持和完善共產黨領導的多黨合作和政治協商制度的意見>。

㉗　陳春龍，前引文，頁8。

㉘　顧肖榮，周羅庚與孫克勤，《黨制之爭》(上海: 上海人民出版社，1990)，頁196。

種對多黨的強調只是中共自己的看法，不一定未來還會發生變化，故
希望將多黨合作列入憲法，使不受中共領導意志之影響。此又爲中共
作爲道德號召者形象已然不再存在的一個間接證據。

(四)人民代表

另外一個進行廉政監督的制度設計是人民代表大會的制度。人民
代表大會雖在文革十年中均未召開過，可是在現今的憲法上則已被定
位成最高的國家權力機關（第五十七條）。人代會是憲法上最高的監
督機關，可以監督國務院、法院與檢察院，所以人代不能兼任上述機
關之職位。人代會所以是國家的最高權力機關，蓋除了監督權之外，
它同時享有立法權與解釋法律之權，它而且可以撤銷國務院之行政命
令。人代所進行的監督與共產黨對從政黨員之紀律監督或國務院對其
下級進行之行政監督之不同，在於人大的監督是法律監督，亦即其監
督決議有法律效果。這點雖然與檢察院的司法監督類似，但人代監督
權之位階最高。

照中共自己的理論，人代作爲國家最高權力機關之設計正是針對
西方資本主義民主講求權力分立的理論發展出來的。三權分立的目的
咸信是在製造政府內部之矛盾，以便於防止勞動人民取得權力，危及
資產階級利益，故避免出現專制而犧牲政府的效率，乃是鞏固資產階
級統治地位的不二法門❷。權力分立既然是防止勞動階級專政，是否
權力集中必然就是最佳的解藥呢？中共的理論家認爲，權力集中於人
大的條件是人大本身是個民主機構。此所以人民代表大會代表必須定
期經由選舉產生。人大代表與黨代表不同。黨代表是無產階級勞動羣

---

❷ 《董必武政治法律文集》（北京：法律出版社，1986），頁73-74。

衆的代表，人大代表則必須代表社會上各階層與各團體的利益，其中包括了來自少數民族、婦女等方面的利益觀點。從職業分，工人、農人、軍人與知識分子均有代表。其它特殊團體比如非黨員、歸僑均有代表在其中。這些代表因此可以滿足民主性、廣泛性的要求，可以保證最高權力機關之權力，實際是掌握在人民手中，亦可謂之具有「先進性」。毛澤東便認爲，沒有代表大會作依靠的政府，處理事情終將脫離人民的意見❸。

　　人代會作爲國家最高監督機關與共產黨作爲對政府監督的執政黨兩者關係又當如何釐清呢？ 在講法制的時代， 黨意不能直接強加於民，黨的主張必須先「透過人民代表大會的形式變爲國家的意志。」❸ 此所以共產黨應該對人代會進行政治領導，保證人代會能適時掌握國家發展情勢，賦予人大在國家體制中的權威性，要求人代黨員善盡代表人民之職責， 培養能人供人代會選定爲國家重要幹部， 必要時指點政治方向❸。人代之所以願意自覺接受共產黨領導，是因爲共產黨一無自己的特殊利益，二可以利用人代會調和社會中局部利益之間的矛盾，三可以隨時在人代會中吸收最新民意以免孤立於人民羣衆之外， 故而是個值得信任的領導者❸。一言以蔽之，中共應該全力協助人代會發揮一個最高權力機關應有的功能；而人代會則應該主動接受執政的共產黨憑其豐富的資源與脈絡所能提供的領導。

　　民主集中制的要求則超過了單純地由共產黨來領導人大。民主集

---

❸　《毛澤東選集》，一（北京：人民出版社），頁71。

❸　任嚴，＜論我國人民代表大會制度的優越性──兼評三權鼎立制度＞，《中國法學》， 2期(1990)。

❸　浦興祖，《當代中國政治制度》（上海：上海人民出版社，1990 ），頁107。

❸　任嚴，前引文，頁10。

中制除了要保證人大能透過民主程序集中民意之外，也要求中共能接受包括人大在內的多種監督機制與協商管道以能進行集中式的決策。所以人大一方面必須對國家機關進行監督與懲治不法的政務活動[34]，也必須監督各政黨。因此，中共不宜包辦人大的工作，致若人大不接受中共之建議時，或因為此一建議本身不正確，或由於人大認識不正確，均不能構成中共強迫人大通過該建議之理由。易言之，中共必須帶頭遵守人大制定的法律和決議，蓋人大之權力來自人民。也因為如此，中共各級黨組織均應接受各級人大的憲法監督，這種監督配合上先前所論中共對人大的政治領導，方能使人大與中共相輔相成。基於這些理由，為使人大與中共之間互動關係法制化，監督與領導關係規範化，而有建議速訂政黨法之說[35]。

相應於強化全國人民代表大會監督職權的呼聲而有強化區域性人大的監督職權。除了有學者呼籲成立地區性人大機構以監督省、縣之間出現的「一署二院」（行政公署、法院、檢察院），以能糾正已逐漸出現的「有令不行，有禁不止」的狀況[36]，更有學者建議賦予地方人大撤銷本級政府不當行政命令之權，以貫徹各級人大的監督權[37]，否則地方人大作為地方最高權力機關之制度便無法落實。由於地方人大的工作一向被視為是政府監督工作中的薄弱環節，賦予這種撤銷權，甚或在地區人大之下另設監察專員專司其職當能起一些振奮作用。

---

[34] 李立秋，<試論國家權力機關的廉政監督>，《中國法學》，2 期(1990)，頁22。

[35] 有關中共與人大之關係，見浦興祖，前引書，頁108-109。

[36] 鄭中華，<設立地區性人大機構的法律依據>，《法學》，9 期(1991)。

[37] 郭曉飛，<論地方人大對同級政府不適當的決定和命令的撤銷權>，《法學》，2 期(1991)。

至於何為「不當」行政命令呢？郭曉飛認為：

> ……行政機關的決定，雖然在法定權限範圍以內，但其目的不
> 是出於社會公益，或者不符合法律授予這種權力的目的，那
> 麼，這種決定就是無效的決定，就應由有權的國家機關依法予
> 以撤銷。❸

而且一旦撤銷這種不當命令，其效力應能「溯及既往」，並不受同級任何其它地方機關之復審，如此才能彰顯地方人人的權威性，落實其它地方機關為其執行機關之體制。

　　對於人大監督權與批評權之強調，似乎並不再受所謂堅持共產黨領導之口號所能完全限制。卽令在政治上共黨享有絕對優勢的地位，但法學家們正努力創造一種人大至上的法律規範，尤其是憲法明文有保障人大代表的言論免責權與特殊的人身保護權，使得在法學領域中，法制的推行愈來愈是作為限制政府權力的工具，而不是政府將其統治的強制力制度化的途徑。人大的至高立法權與監督權相當程度地使中共及其政府使用何種道德誘因益不相干，蓋欲藉道德教條動員羣衆已不能必然受到強制力之支持，將受監督與批判。故人大至高之權力主張雖然仍停留在筆墨階段，但其隱含甚或明示對有權者之不信任，已對中共政權作為道德象徵之信用遭到認知與情感層面的嚴肅質疑。

(五)封建前提

　　民主集中制有一個頗為封建的前提從未為中共學者所討論。在民

---

❸　前文，頁5。

主集中制裏，共產黨的領導地位是不可取代的，只因爲它是無產階級之代表。這與封建王朝的世襲邏輯有異曲同功之妙。在封建王朝時代，帝王是道統的化身，自然是無可取代的。但這其中有三個前提假設。首先，道統沒有可驗證性，所以帝王是否道統之化身並無邏輯上的證明問題。第二，道統的傳承是歷史的與現狀的。它是歷史的乃是因爲道統何在決定於家世背景；它是現狀的乃是因爲誰擁有國家公器便可以自稱代表道統。第三個假設是人性本善，所以曾經是道統化身者必仍將爲道統之化身，不會變質而侵害道統。

民主集中制爲人詬病乃是過去中共一向重集中而輕民主。共產黨自稱代表無產階級政黨之說法並非可以在邏輯上證驗者。中共也未曾有意願透過任何民主選票來作檢正。其之所以能自知是無產階級政黨乃是因爲它宣稱第一代共產黨人推翻了所謂三座大山，這又類似封建王朝的歷史辯論法。而它拒絕民主檢驗亦類同封建王朝的現狀邏輯。最後，它仰賴黨員自覺諮詢各種協商管道，走羣衆路線避免孤立，則又無異有性善論之前提。

值得吾人深思者，其實不在於民主集中制之封建前提，而在於中共法學界所出現的一股講法制，談監督的潮流。這股潮流否定了中共隱含的性善前提，而強調各種監督機制。否定性善前提的意義，當然是中共內部可能會變質，亦即出現不代表無產階級專政的力量。對於中共自己而言，文革的確是因爲缺乏監督下黨犯了錯誤，但並未承認這個錯誤來自中共的質變，而只承認它孤立於羣衆之外。但過去內部既然曾出現過反黨集團而需要強調監督，是否意味著中共黨內仍有階級敵人的因子存在呢？

新近大陸法學界對民主集中制裏監督機制的討論，是以反人治、反封建爲基調的。所以中共原本希望受監督的對象以國家機關爲主，

以黨爲次要。在學界的討論中, 黨卽使不是唯一最重要的監督對象, 起碼不比國家機關輕微。不僅多黨合作制中它要被監督, 連作爲國家機關的人大都被認爲要對黨從事監督。這種討論趨勢倘若持續深入擴大, 則對於中共未來利用強制誘因和道德誘因來動員和協調社會資源的能力受到影響。基於這個原因, 改革政策引進市場, 使得利益誘因成爲中共主要的動員機制的發展, 或可爲改革政策的長遠命運, 作出比較樂觀的估計。封建前提愈被否定, 中共可用的道德誘因就愈少, 其能使用強制力的正當性亦愈低, 則利益至上的改革政策勢將爲其所繼續仰賴。

叁

改革開放

六、演　進:
憲政發展之風格

(一)憲法與政治

憲法的作用，咸信是要規範政治用的。旣然是要規範現實政治的運作，憲法的內涵自然不可能也不應該完全反映著政治人物的想法，否則憲法非但不能規範政治，反而還會爲政治人物所用。憲法與現實政治當中的這種不平衡，提供了理想主義學者一個可以藉來評斷批判政治人物言行的機制，從檢驗憲政規範與政治人物言行之差距，來要求政治人物服膺規範，並在當憲政規範被人挑戰時，能夠予以有效的道德制裁。然而，憲政規範如果與政治現實脫離太遠，則不但無法發揮規範的作用，甚至還會損傷憲法的信用❶。因此，如何在憲政規範與政治現實之間取得一種合理的不平衡，乃是一項高度的藝術。

1.修憲風格

由於政治現實與時俱進，使得憲政規範自亦必須修正發展。有時候，現實當中諸種勢力對於憲政規範的內容持有迥異的觀點，如此憲政規範修正時的波動勢必較劇烈。這種情形，可能因爲政治派系之間實力消長不定所致，使得他們所接受的憲政理念在政壇上此起彼伏。

---

❶　姚立明，華視新聞廣場，1992年5月24日。

比如說，從民初的君主立憲，天壇憲草，曹錕憲法一直到五五憲草所
經歷了一連串大幅修憲的過程，便貼切地反映出政治現實當中的折衝
較勁❷。憲政規範大幅波動的情形，也可能是由於政治上的世代交替
與新陳代謝驟然發生，使得前一代憲法與現實脫節的情況，在短時間
內被驟然表達出來。如中共制定一九五四年的憲法與民國八十年中華
民國終止動員戡亂時期臨時條款均屬此例。

在憲政傳統比較穩固的國家裏，由於政治現實中各種勢力對基本
的憲政規範已然建立了相當的共識，故憲政規範的演化多肇因於大多
數人要求對個別憲法條文適用疑義作出符合時代的具體澄清❸。相較
於憲政傳統相對薄弱的地區而言，這些先進國家的政治顯然因為制度
已內化於人心，而使憲政運作有常軌可循，故亦比較穩定。所以觀察
一個地區在憲政運作上是否正漸趨成熟的一個標準，便是要檢視該地
區政治人物對於憲法所昭示的規範是否體現日益增長的共識。而這個
日益增長的共識有一種最基本的表象，即憲政演化的過程是否是具體
的，細緻的，問題取向的與漸近的，而非仍然停留在宣示性的，根本
制度的，基礎規範的與劇烈的層面與風格裏。

中國憲政史上所呈現的劇烈波動乃是有目共睹的，它記載着中國
政治人物要為國家建立根本大法的掙扎與所遭受的失敗與挫折。自從
一九四九年中國分裂以來，海峽兩岸在其各自的發展中，並未停止樹
立憲政規範的努力，其間容或為現實掣肘，唯近十餘年的經驗毋寧
證明，海峽兩岸政治人物俱已體會到政治改革中憲政規範的建立與釐
清乃是國家發展之中一基礎環節，故而不得不戮力於根本大法之完備
化。

---

❷　李劍農，《中國近百年政治史》(臺北：商務，)。
❸　曾繁康，《比較憲法》(臺北：三民，1972)，頁678-679。

2.兩岸經驗之比較

本章的目的，在比較兩岸政治改革中對憲政根本大法建立的努力，有無可資相互借鏡之處。基本上，中共自一九八二年憲法頒佈以來，已經有步入法制階段的跡象，蓋八二憲法的特色，在於它正逐漸走出大破大立的宣示性風格，轉而強調總結經驗。而事實證明，八二憲法揭櫫的規範，竟未因六四事件而受刻意貶抑，改革派與保守派在九○年代之政爭，亦未上及憲法層面。尤有甚者，一九八八年的修憲歷程似乎透露出中共的政制已然走上了具體、細緻、個別式的演化路程，或正逐漸在擺脫前此大破大立的宣示性風格，而開始正視憲法作為一項根本大法文件所能起的規範性作用。

臺灣地區在民國七十年代尾聲中開始進行的憲政改革，以國是會議為開端，到八十一年六月為止，所表現的風格，則接近於中共一九七八年修憲的階段。本章的重點，則在描述我國憲政改革與中共一九七八年修憲的酷似風格，蓋兩者皆強調破與立，均屬菁英參予，又都是在否定舊體制理念的前提下保存了若干舊體制之設計，且同時係在為新興政治力量找尋合法性根源的壓力下進行的，從而可以看出在憲法文件作為根本大法的穩固建制方面，海峽彼岸已在一九八二年後取得稍微的領先地位。彼岸的經驗，多少證實傳統上道德至高的唯心主義文化，未始不能逐漸超脫宣示昭告或象徵意味濃厚的憲政實踐，而往細緻具體，建構根本大法與制度的方向發展。

(二)中共修憲史鑒

1.比較之意義

論者或謂，中共迄今不能接受西方憲政主義觀念，對於權力分立與政黨競爭觀念，向來斥之為是鞏固資產階級統治，混淆勞動階級意

識的手段❹，則研究中共歷次修憲之實踐，如何可能對吾人產生任何啓示。其實，比較憲政之研究，過去一向只着重憲法具體內涵之對比，而忽略了憲政演進風格之差異，亦可有助於理解憲政主義之發展。質言之，過去吾人只注重憲政主義當中的「有限政府」理念是否納入憲政規範，而未深究憲政規範賴以具像的國家政制設計是否享有根本大法的地位。故憲政主義內涵至少應有兩項因子，即法治與法制，前者係指「有限政府」之憲政規範，後者乃指根本大法之制度設計。中華民國憲法在發揚有限政府理念方面固然超越中共憲法甚多，但在憲法作爲根本大法指導文件方面卻未必具有優勢。

何以中共當前憲法所具之根本性似乎取得相對先進的位置？其中表面因素起碼有二。中共過去政治起伏頗大，憲法規範變動劇烈，故不僅中共政治人物頗能體會穩定憲法之重要性，而且一旦着力於此，其所能取得之立即成效，相形於過去「無法無天」的哲學實踐也更容易製造鮮明的視覺效果，此其一。此外，中共政治改革之進行在時間上早於中華民國之政治改革，中共領導人之世代交替在生理上亦發生較早，故政治改革取得的成效自然較早浮現，此其二。

由於中華文化是否適合現代化社會常爲識者所質疑，則海峽兩岸經驗之比較有助於了解中國人社會之民主前途。中華民國之憲政發展，證實「法治」觀念不必與傳統儒家文化相排斥。中共自一九八二年以來所寫出的相對清晰的憲法文件，則意味「法制」之根本性質不必因爲政治派系持有不同道德信念而遭破壞。法治觀念與法制能力倘能結合適足以證實中華文化中確有民主政治發展之思維基礎。本章之重點，則在從修憲風格中來爲兩岸憲政發展在根本法制方面作階段性

---

❹　石之瑜，＜論憲政主義法治與社會主義法制之接合＞，《東亞季刊》，23：4（1992年4月）。

定位，並期能爲中華民國未來之憲政發展注入信心。

2.中共早期之憲政發展

　　中共在建立政權之後，曾藉着政治協商會議的形式，取得了制定「共同綱領」之合法性。政治協商會議包括了八個民主黨派，相當程度地保障了制憲的合法性。俟韓戰結束，土地改革大底完成後，中共決定在一九五四年正式召開人民代表大會制定憲法。這部憲法後來曾因政治理由遭到毀棄，但迄今政學界對於一九五四年之憲法有非常高的評價，且成爲一九八二年修憲時的重要依據與參考。

　　從共同綱領到一九五四年憲法的過程，基本上是一個從臨時憲法試圖進入根本大法的過程。共同綱領是爲革命政府定性之文件，主要是揚棄資產階級的「虛僞、欺騙本質」❺。到了一九五四年，中共已取得了穩固的統治地位，因而提出共產黨領導的規定。一九五四年制憲的特色，是要突顯一統、團結，使政治運作的合法性基礎，從非正式的政治協商會議轉移到人民代表大會來。另一項特色，是要確定社會主義建設的任務與工人階級領導的原則。

　　共同綱領制定過程準確地反映了綜合社會各界的政治協商會議中的兩條路線的鬥爭，亦卽兩種所有制之鬥爭。而一九五四年憲法的作用，則是要宣示「鬥爭的結果將是社會主義所有制成爲我國唯一的所有制」❻。這種信心昭示，使得憲法其它條文中反而可以大膽地承認當前社會的過渡性質，從而竟責成國家保護現存的各種所有制。一九五四年憲法的宣示性亦在其強調用簡單文字陳述條文的風格上，故憲法中儘量不用「應」、「得」、「其」、「凡」等字而改爲「應當」、「可

---

❺　陶希晉，＜關於五四憲法草案的學習報告＞，輯於《新中國法制建設》（天津：南開大學出版社，1988），頁25。
❻　前引書，頁29。

以」、「他們」或「它的」、「任何」或「一切」❼。另外，憲法中用
「主席」不用元首意在突顯民主集中制的精神。在中共的宣傳中，這
部憲法是被號稱結合了原則性與靈活性，科學性與通俗性，本國經驗
與國際經驗。

　　在制憲的草案初稿提出後，中共很慎重地先後請了八千多人來參
予討論，提出了六千多條修正意見，有超過一百條意見被接受。在其
後兩個月中，計有一億五千萬人參加全民討論，以一九五四年的背景
而言， 算是十分慎重的了❽ 。以制憲的觀點看， 一九五四年憲法兼
具了許多制度性與宣示性之文字。但是否這部憲法之根本性能就此建
立，則端視憲法中之規範如何與時俱進了。

3. 一九七五年之修憲風格

　　如果憲法與政治現實發生高度的不一致卻不修憲，則憲法的根本
性便無法建立，如一九五四年憲法就是這種命運。但如藉修憲程序來
改變它，其目的是透過完全翻修的方式來否定它，則憲法缺乏連貫性，
亦難成就其根本性。這部一九五四年憲法就在文化大革命的晚期遭到
這種徹底的修改。雖然在中共的政治實踐裏並未遵循憲法，但該憲法
顯然仍非文革政權所能欣賞。就在文革晚期，批孔運動正力圖振作之
際，文革政權決定變動這部久經擱置不用之憲法，以能為文革政權作
一個戲劇性與宣示性的註腳。

　　一九七五年憲法之肇端當是文革高潮在一九六九年結束後，中共
亟須一個能延續革命理想的政治宣傳所致。首先是在一九七〇年初中
共中央有修憲之議。唯林彪事件使修憲之籌備遲至一九七三年八月才

---

❼　前引書，頁33。
❽　吳家麟與關欣，《憲法學》(北京：中央廣播電視大學出版社，1991)，
　　頁73。

開始，新憲法在一九七五年一月通過。整個過程是由文革派大將張春橋主持，修憲的目的，純粹是要破壞任何可能成為根本大法的制度。所以人民代表大會在制度上被革命委員會取代，政治上則以階級鬥爭為主要訴求。整部憲法從原有之一〇六條銳減成三十條。憲法第四章剩下一個條文，人民的基本權利和義務只有四條，而且先講義務才談權利。修憲的目的既然在宣示革命性，反法制，自然憲法內容變得「簡陋粗疏」，方能保證國家生活中「無章可循，無法可依」，而不得不仰賴奪權的革命委員會❾。

　　革命性的彰顯，更可以從取銷國家主席之設置一點看出。尤有甚者，憲法規定全國人大受中共領導，國務院總理由中共提名，刻意混淆黨政界限，打亂國家體制。在檢察機關一節中竟規定取銷檢察機關職權，由公安機關行使檢察權。國家的任務也不再是經濟性的，人民基本權利中有關法律前平等或物質生活之保障被刪去。加入的新國家任務是要求無產階級繼續革命並「全面專政」，故而在憲法中宣稱「大鳴、大放、大辯論、大字報，是人民羣眾創造的社會主義革命的新形式。國家保障人民羣眾運用這種形式」，為無政府主義取得憲法位階的基礎。

　　如果說，一九五四年憲法是在共同綱領的基礎上，進一步把革命初成的臨時政府定位成一個向社會主義過渡的政府，一九七五年憲法則相反地是要以「革命」來替政權定位，因而是要破除一九五四年憲法的根本體制。雖然它仍不脫離公有制經濟與工人階級領導的大框架，但毋寧是在用反對一九五四年體制的方式來維護社會主義的認同，不得不謂為是一次只求破不求立，沒有具體修憲目的的一次嘗試。

---

❾　前引書，頁75。

4.一九七八年的修憲風格

四人幫在一九七六年下臺之後，中共政治體系取得了要脫離文革政權的起碼共識，在以華國鋒爲黨內新重心的前提下，推出了一九七八年憲法。雖然反映文革的憲法是到了一九七五年才推出的，但文革事實上已進行了十年，而以大規模羣衆運動爲訴求的發展模式，更可溯及至一九五七年開始的反右運動。所以一九七八年憲法的目的，是要尋求中共政權在文革系統以外的合法性來源，調動一切可以調動的積極因素。

在一九七八年的修憲文件中透露出的一項明確訊息，乃是後文革時期政權將成爲一個前瞻性的未來導向政權。因此，憲法昭告了進行四個現代化的重要性，揭示「新時期的總任務」，包括進行「生產鬥爭」與「科學實驗」，並且宣布文化大革命已經「勝利結束」，使社會主義的革命與建設進入了「新的發展時期」。總任務目標的完成明確定在「本世紀內」。無產階級專政之鞏固，故而務必仰賴

> ……使社會生產力迅速發展，逐步做到使我國的社會主義制度建立在現代化的大生產的強大物質基礎上面……有效地克服資本主義勢力的滋長。❿

這股求新的氣氛在對過去的批判中更明確地突顯出來。在意識型態方面，一九七八年憲法特別提醒要區別「敵我矛盾」與「人民內部的矛盾」，顯然是批判過去四人幫錯誤地把後者這種非根本性的矛盾當成是敵我之間的生死鬥爭。故在修憲報告中除了指出「消除四人幫

❿ ＜關於修改憲法的報告＞，《人民日報》，1978年3月8日，頁3。

的流毒和影響」為修憲的總指導思想外，更在具體修憲條文的說明中，特別標明新憲法與過去四人幫的實踐有何不同。修憲報告刻意強調民主管理，仍然讚揚「大鳴、大放、大辯論、大字報」的大民主形式，但鼓勵「聯繫羣衆」，一切由「基層單位起」，取銷地方級的革命委員會，改設行政公署。這些觀點，是要反對並區別過去四人幫那種「打着所謂大民主的旗號」，企圖鼓吹「越亂越好」，一切只要「矛頭向上」這種「搞分裂」的「陰謀詭計」❶。

其次，一九七八年憲法恢復檢察機關職權，以糾正文革期間的舊作風:

……「四人幫」瘋狂叫喊並且實行「砸爛公檢法」嚴重地破壞了無產階級專政的國家機器，甚至把專政矛頭指向黨內和人民內部，我們必須澈底清算四人幫破壞公檢法的罪行。❷

再其次，新時期「高速度地發展生產力」之任務，則被指出是反對四人幫所鼓吹的「寧要社會主義低速度」之類破壞生產的行徑，以便能調動一切積極因素。第四，新憲法要明白表示「奪回」被四人幫佔領的思想文化領域，以便完成建設新時期總任務所奠基的高文化水平，和科學技術水平。最後，相應於百家爭鳴，百花齊放的學術自由，修憲文件更保障了人民的教育、社會保險，勞動之權利，而且是反對「在某些人管理下面」來享受權利。因此，領導幹部應該:

……要充分信任人民羣衆，尊重廣大羣衆的革命責任感，愛護

---

❶　前引文，頁4。
❷　前引文。

廣大羣眾的社會主義積極性和首創精神,就要和羣眾呼吸相通,
認真聽取羣眾的批評和意見,特別是對於領導機關和領導者的
批評和意見,一切來自基層和羣眾的善意批評,應當受到熱情
鼓勵……幹部必須深入基層,深入羣眾,調查研究,使自己的
思想和工作反映廣大羣眾的利益和願望……⑬

然而,這種靠着批判過去來突顯新時期已降臨的作法,並不能眞
正創造明顯的方向感。一九七八年的憲法企圖在觀感上製造出大破大
立的宣示性效果,由此可以看出這次修憲過程裏,中共對於作爲根本
大法的憲政制度尙無力顧及。這種只重宣示效果而不重根本性的建立
的作風,有兩個行爲上的證據。首先,修憲的過程並不愼重,一九七
八年憲法的誕生只經過了不到半年的籌備,由於進行倉促,觀察家可
以感受到其中必有時間壓力。此華國鋒政權急於在鬥垮四人幫之後立
卽建立其自己的合法性基礎而有以致之,故在一九七七年秋末就決定
要在次年春天完成修憲,並未考慮翻修文革憲法所必須經歷的縝密設
計過程。

第二個徵候是從根本大法的建立程度上來觀察。一九七八年憲法
的一大矛盾,是在揭舉了新時期總任務,與批判四人幫舊實踐的氣氛
下,居然繼承了不少一九七五年象徵文革哲學的制度設計。比如說,
大鳴大放的規定被保留下來,無產階級「繼續革命」的文字仍然存
在。尤有甚者,認爲人民公社可以成熟一個,過渡一個的窮過渡精神
的主張並未改變,仍認爲公有制越大越好。最後,黨政不分的設計,
如中共中央領導國家武裝力量,全國人代依據中共中央提名來任命國

---

⑬ 前引文。

務總理，不置國家主席等均未見改進。總的來說，一九七八年憲法的法律形式亦欠完備。所以可以看出，修憲者的根本動因，首在破除文革體制，致於未來方向，並不能清楚地在憲法中呈現出來。

一九七八年憲法後來有兩次修正，一次是朝健全地方制度著手，但其政治宣示性仍高過制度性，蓋修正重點在以地方人民代表大會取代革命委員會，並規定由人民選舉產生，但對於制度設計的根本原理原則仍未見釐清，故仍屬於擺脫文革陰影當中的一步。另一次修憲是在顧慮安定團結的思考下，取消了人民大鳴大放的權利，是為正式脫離文革體制的又一次憲法位階的宣告。

簡言之，一九七八年修憲的特色，在於它強調新，反對舊的一破一立宣示，要求務實但方向不明的過渡性質，追求人民認可，重視人民想法的妥協性格，以及不重視根本制度設計的氣氛。不可否認地，文革政權瓦解之後，華國鋒政權必須建立它自己的合法性基礎，而且那個基礎必須不同於文革政權。三十條條文的文革憲法，在短期之內變成了六十條的華國鋒憲法。就像一九七五年憲法是透過修憲程序所達到近乎重新制定憲法的效果，一九七八年修憲也是在必須重新檢討一九七五年憲法的前提下進行的。但是，一九七八年憲法有撥亂反正的作用，只是由於修憲籌備的時間過短，尚無法對長遠憲政方向進行整體的規劃，以致於雖然是以反文革出發，仍保留了一些具有文革特色的條文，此所以一九七八年的憲法只維持了四年就遭到又一次大修的命運。

5. 一九八二年的修憲風格

從形式上看，一九八二年憲法似乎代表的是另一次全面修憲的行為。但是一九八二年修憲的過程卻遠較前此任何一次修憲為慎重。從中共十一屆六中全會通過〈關於建國以來黨的若干歷史問題的決議〉

成爲修憲重要依據以來,用了超過兩年半的時間來完成修憲工作。憲法修改委員會在一九八〇年九月以後成立秘書處, 先根據各地方與各部門之意見提出修憲草案討論稿,由政府各部門,中共各部門與各民主黨派進行討論之後, 意見再送回委員會完成憲法草案。這個草案於一九八二年四月交由全民討論。全民討論作出的修正建議,除文字改動之外, 被接納的有近百處。再修正之後的草案送交全國人大討論時, 又作了三十幾處修正。比如說, 全民討論中, 將原本把「鎮」與農村、郊區等同的土地政策刪除,而預留未來依「城市」規定來處理「鎮」的土地政策。 又比如說, 原規定人大常委得修改法律案之草稿, 依全民討論建議, 加上「不得同該法律的基本原則相牴觸」之條件。可見, 一九八二年的修憲, 很認眞地處理全民討論意見, 與過去只是藉全民討論進行宣傳的風格, 並不相同❹。

從修憲是否有 助於建立根本 大法一點來看 , 則一九八二年的憲法, 似乎透露出相當程度的進步。最重要的, 是一九八二年憲法企圖超越前此修憲多以宣示性或昭告性爲主的風格。最明顯之處, 在於一九八二年憲法特別強調經驗總結。在一九八二年修憲文件中對於「總結」一事, 有意識地加以突出:

……由於〔一九七八年〕歷史條件的限制, 來不及全面地總結建國三十年來社會主義革命和建設中的經驗敎訓, 也來不及徹底清理和清除十年動亂中某些「左」的思想對憲法條文的影響, 以至於現行憲法中還有一些反映已經過時的政治理論觀點和不

❹　彭眞,《論新時期的社會主義民主與法制建設》(北京: 中央文獻出版社, 1991), 頁116-120。

符合現實客觀情況的條文規定……⑮

　　所謂總結，固然會引起當時政治派系的辯論，但從事總結的努力，本身即象徵着中共官方已然體認，根本大法之確立首須超越大破大立的憲政風格。故一九八二年憲法的序言，對於中國大陸過去數十年的發展，作了一個成就上的回顧，將八二憲法的作用，定位在銜接過去與未來的關鍵點上，因此強調的是歷史持續而非革命斷裂，着重鞏固團結而非鬥爭。

　　八二憲法肯定了社會主義與無產階級專政，認為唯有在過去的成就上才可以放開手從事四個現代化的工作。憲法序言重述了堅持四項基本原則的重要性，然後同意容許「城鄉勞動者個體經濟，是社會主義公有制經濟的補充」，修憲報告中特別說明應「發展多種形式的經濟，以利整個國民經濟的繁榮」。質言之，八二憲法擺脫了過去以宣示昭告風格來展現新政權、新方向的作法，而以先肯定過去，然後對未來採此較開放的態度來處理政權本質的問題。因此，八二憲法的成熟性，不在於它界定了中共政權在意識型態上的未來任務，而在於它超越了過去那種要替未來定位的思考方式，而改採對中共過去的歷史來定位的方式，並進一步透過總結經驗創造政權的持續性，從而不再需要躭心如何替未來定位的爭論。

　　八二修憲風格漸趨成熟的另一個證據，在於修憲諸公有意識地在制度設計上先透過一些大原則來着手，這些大原則包括黨政分開，民主集中制等。黨政分開表現在具體條文上者如將共產黨領導放進序言中，而憲法本文只處理政府組織問題。又如，憲法建立了政府部門之

---

⑮　〈葉劍英談修憲的必要性〉，《人民日報》，1980年9月16日。

首長負責制。甚至憲法規定各政黨均必須以憲法爲根本的活動準則，「任何組織或者個人不得有超越憲法和法律的特權」。在民主集中制方面，憲法確立了人民代表大會爲最高權力機關，在提案、質詢、人身保護、言論免責權方面都作出具體規定。同時，人大常委的職權大幅擴大，使人大不致於因爲會期短而流於形式。最後，憲法恢復了國家主席之設置。

在人民權利方面，八二憲法也從制度面着手修正，而少作宣示性的聲明。人民權利被移至總章之後，權利之內容有具體而微的規定，在修憲說明中亦不再以批判四人幫作爲權利規定的理由說明，而是就事論事地討論工人階級究竟應該享有何種具體權利。在這些方面，一九八二年憲法也體現了若干復古傾向，採納了一九五四年憲法的許多規定 **⓰**。

這種復古傾向，也可以表示一九八二年的修憲不再是抱着大破大立，除舊佈新的心情出發的。許多規定，重新採納了一九五四年憲法的設計，比如說，公民在法律之前一律平等，國家主席之設置，修憲須人代會全體代表三分之二的通過，人民大會代表任期五年及有關改選的規定，人大代表五分之一可以提議召開臨時大會，以及國務院之組織成員與國務院秘書長之重新設置等等。憲法學者今天一致肯定一九五四年憲法的作用，認爲「它是一部很好的憲法，爲全國人民指出了一條清楚的和正確的道路」**⓱**。

在修憲技術上也可看出八二修憲的重點在建立可長可久的根本大法。它首次規定憲法是國家的根本法，具有最高的法律效力。八二修憲特別糾正了過去憲法當中法律形式不完備的缺點，修憲諸公對於形式的設計，遠超過七〇年代兩部宣示意義特強的憲法。比如，八二憲

⓰ 王叔文，《憲法》(成都：四川人民出版社，1989)，頁81。

⓱ 前引書，頁58-59。

法就人大的任期，改選，與國務院之關係，與國家地方之間的關係，與下一級人大之關係，國務院與地方機關之關係均作了具體的規範，致使一九八二年憲法共有條文一百卅八條。而對法律形式之重要性，在序言中有這樣一段的認可: 本憲法以法律的形式確認了中國各族人民奮鬥的成果，規定了國家的根本制度和根本任務。

　　一九八二年的憲法在一九八八年曾經修正，修憲的風格呈現出細緻而且具體的趨勢，比如原來憲法中並未允許私營經濟。一九八八年時在憲法第十一條增列有關私營經濟一項，承認其爲公有制經濟的補充，國家並應對其合法權益加以保護。對於土地的規定中原本不允許出租，現刪除不得出租之文字，並加增土地得依法轉讓其使用權之文字。這些簡單具體的修正對於當前的經濟改革有莫大的促進作用。儘管對於這個修正可以在政治上引起意識型態之辯論，但在憲法體系內卻不會引起爭議，因爲中共的社會主義本質是在序言中作經驗總結時就確定了的，故政治上與意識型態上引起爭議的問題，無論是否納入憲法，都對憲法的定位沒有影響。此所以中共的一九八二年憲法可以視爲已經成功地爲其根本大法的信用跨出了成功的第一步。憲法的本質不再爲政治人物當前或將來的行爲所影響，所以任何政治妥協的政策產物，均有可能以具體而細緻的方式納於一九八二年的憲法體系。

　　一九八二年的修憲風格最引人注目的，正是它逐漸走出大破大立的傳統作法，勇於總結，並且有意識地建構當前制度與歷史之間的連繫，使得修憲者有充足的時間與精神去處理制度的問題，也容許修憲者對不同的意見能坦然面對，而不會懷疑持異議者是要否定四個堅持。一九八二年的憲法因而爲中共憲制的根本大法特性打下了一個基礎，這是它與一九七五年及一九七八年兩次修憲最大不同之處。至於一九八二年憲法能否長存，則要視憲法規範對政治現實能否起相當的

約束制衡作用，使得這部本身已然自成邏輯的憲法能建立起一定的信用，在這一點上，中共顯然仍待努力。

(三)中華民國的修憲實踐

1.進入動員戡亂體制

中華民國憲政史上的一個現象是因人設憲。抗戰勝利後進入憲政時期，全國各黨派透過政治協商完成了中華民國憲法草案，經第一屆全國國民代表大會通過，堪稱是一部在內容與形式上皆頗為完備的憲法。憲法草案原係本於五五憲草，但在制憲過程中，原國民大會與總統職權均見削弱，行政院改而對立法院負責，而中央與地方關係則由原本的模糊而改偏採高度自治性質的均權制。制憲過程強調和平建國與政治協商，從三十五年一月開始集會討論。後來共產黨與其它黨派雖然退出，但最後草案仍廣採協商之原則，由政府指定王寵惠等人綜合修改，頗符合民主討論，集中決策之風格。最後草案仍經國民大會歷時一月餘之廣泛討論後通過。

憲法甫制定不及一年，國民大會便提出修憲案，制定動員戡亂時期臨時條款。臨時條款其後一共經歷四次修正。此類修憲案的提出與通過大抵是在黨政運作之下順利進行。臨時條款之制定與修正並未經過擴大討論或政治協商的過程，基本上屬於菁英修憲性質。動員戡亂時期臨時條款以極為簡單化之條文改變了憲法上之一些根本規定，使根本制度之建立，從一開始便遭到困難。

動員戡亂體制中損毀根本大法之規定頗多，比如總統有緊急處分權，不受立法院追認之限制；總統與副總統得連選連任；總統得設置動員戡亂機構如國家安全局與人事行政局，從而使總統得以取代行政院成為大政方針之制定機構；國民大會代表與立法、監察委員在第二

屆國大改選之前可以繼續行使職權等。動員戡亂體制與憲法並列使得
國家大法之根本制度精神不能彰顯。

　　提出臨時條款修憲案的原因，在於認識到動員戡亂政權與憲政主
義政府之本質迥然不同所致:

> ……提這個議案，其根本的目的，在求行憲戡亂並行不背。我
> 們知道，現在政府有兩大任務，一為開始憲政，一為動員戡
> 亂。但在憲法裏，對於政府在變亂時期的權力，限制甚嚴，如
> 果沒有一個適當辦法補救，則此次國民大會閉會以後，政府實
> 行憲政，必會有兩種結果:一為政府守憲守法，但不能應付時
> 機，救平叛亂，挽救危機;一為政府為應付戡亂需要，蔑視憲
> 法或曲解憲法條文，使我們數十年流血革命付了很大犧牲而制
> 定的憲法，變為具文。[18]

　　動員戡亂體制追求有效地反共，並維繫法統。故原本是以修憲案
提出的臨時條款，在必須保留原版憲法完整，以能彰顯將之未來施行
於大陸的反共決心與信心的前提下，國大又於民國五十五年作出不修
憲決議，似乎又在事後否定了臨時條款當初是以修憲案提出與通過的
[19]。此顯示昭告法統的重要性左右了修憲案之本質，使之必須是為象
徵性與號召性服務的，此所以往後對臨時條款之修正，均不脫離以反
共需要為理由，如所謂「現在急欲反攻大陸，動員戡亂的情勢，更為
緊張，本條款不能廢止，固不待言」[20]，或如「審度反共情勢之迫切需

---

[18]　《國民大會實錄第一編》，頁219-221。
[19]　劉錫五，《中國國民大會志》(臺北:民主憲政社，1969)，頁145以下。
[20]　《國民大會實錄第二編》，頁204。

要……付以領導完成光復大陸，拯救同胞之重責」，又如「爭取反共勝利成果，實已刻不容緩」[21]。即令增補選中央民意代表之理由，也是要與「在陷區同胞，受匪迫害，固屬無法自由表達其意志」為對比，以能看出「在自由地區或光復地區之國民，殊無久不選舉之理由」云云[22]。

事後評估，動員戡亂體制既宣稱是過渡性質，又凍結了原憲法根本大法之設計，復成為反共與法統的宣示象徵，因此其憲政含意毋寧是不利於根本大法之確立。再加上其制度與修正過程多為精英主導，便宜授權，故雖然只凍結若干少數憲法條文，實有冷卻整體憲政制度之作用。且對於連選連任或中央民代行使職權之規定籠統，法律形式亦不完備，遑論細緻。可見，動員戡亂體制所表現的風格，乃是以宣告反共決心為核心的一個非憲體制，而不是以樹立穩固根本憲制為考量者。

2.國是會議

中華民國憲政改革的正式起點可以說是國是會議之召開。國是會議是由總統作主邀請有代表性的各界人士共同參予，來討論憲政改革的方向與原則，性質類似政治協商會議。但在出席人員名單分配上，明顯看出偏重政治考慮。比如在國是會議籌備會議第五次會議時對初步名單分析是以性別、海內外與黨籍來歸類[23]。在第八次會議討論主席團名單時，所謂各界代表則為執政黨、在野黨、無黨籍、海外、地方人士、勞工界、工商界與學者為分類[24]。除學者之外，其餘人選俱

---

[21] 林紀東，《 中華民國憲法釋論 》（ 朝陽大學法律評論社， 1975)，頁413。

[22] 前引書。

[23] 《國是會議實錄》(上) (臺北: 國是會議秘書處，1990)，頁98。

[24] 前引書，頁152。

係政壇上之領導人物。在正式召開國是會議之前亦在各地舉行分區國
是座談，受邀人員均爲法政菁英，主要參予者爲各級民意代表與法政
學者❷。在籌備過程中，便有委員認爲代表社會各界的人太少了❷。

　　召開國是會議的根本目的，則在打破動員戡亂體制，建立國家新
方向，其大破大立之情處處可見。總統在籌備委員會第一次會議時發
表歡迎詞：

> ……隨着國人政治理念的逐漸提升，與海峽兩岸情勢的日益變
> 化，各界對當前非常時期的憲政體制，以及未來達成國家統一
> 的途徑與方式，於是多有不同的看法，登輝希望能約集各界俊
> 彥及有代表性的人士，對四十年所累積起來的這些問題，做通
> 盤的、深入的研討……，加速改革步伐，突破發展的瓶頸，開
> 創歷史的新局。所以這次國是會議的召開，實具有開創性、前
> 瞻性與歷史性的重大意義。❷

在國是會議預備會議之開幕典禮上，總統更一再以求新求變勉勵與會
代表，以能「開創……新時代」，「瞻望未來」，「繼往開來」，「再造新
中國」，並「兼顧……未來與當前」的需求，作「前瞻」的修憲工作，
以使憲政「步上新的坦途」。總統提醒與會代表，各國憲法自有其「獨
具之特質」以「滿足人民享有並行使國家主權的要求」，因此「原無
固定模式可言」，所以國是會議係「突破當前發展瓶頸的關鍵」，足以
「奠立全民今後努力的方向」❷。

---

❷　前引書，頁17，53。
❷　吳豐山之發言，前引書，頁67。
❷　前引書，頁4－5。
❷　前引書，頁225-227。

國是會議的過程則相當程度地反映了總統的期望。在第一次籌備委員會時就有成員主張不僅要終止戡亂體制，而且應該「超越憲法和既有體制」[29]。在野黨的代表提出：

> ⋯⋯召開國是會議的主要目的，就是因為現有憲法體制已經不能適應現實，不能渡過危機，才需要召開會議希望幫助政府渡過難關。換句話說，國是會議如果不能創造對全民一個新的期望，不能符合全民的需要，便不需要召開了。[30]

相應於這個主張，總統府副秘書長邱進益特別在第六次籌備委員會時說明，召開國是會議「不必太強調認同的問題」[31]。故與會人士認為「尤其需要海外異議分子的想法來調節憲政的改革」[32]。更進一步的主張甚至包括能「讓各地有雙重國籍的人回來，便會產生新的願望、新的認同，重新結合在一起」[33]。

這種求新求變的願望在討論國是會議議事規則時也觸發出來。在第二次籌備委員會時，就有委員提出「不要定界限，讓各種不同的意見都能表達出來」[34]。國是會議召開之第一天預備會議上，邱進益特別澄清「總統心裡沒有底線」[35]。在野黨則全力主張完全脫離舊體制，形容當時的政治乃是「四十年來的慘痛經驗」的結果[36]，要求能「解

---

[29] 　張俊宏之發言，前引書，頁11。
[30] 　張俊宏之發言，前引書，頁72。
[31] 　前引書，頁117。
[32] 　黃越欽之發言，前引書，同頁。
[33] 　張俊宏之發言，前引書，同頁。
[34] 　吳豐山之發言，頁33。
[35] 　前引書，頁242。
[36] 　陳金德之發言，前引書，頁327。

決憲政危機,開創民主新局」,使「憲政改革〔能〕兼顧除舊與佈新,既破且立」[37]。

　　國是會議的總結報告中的確看出,憲法之上所有的制度都可以討論批判,可以表示支持,也可以唾棄,使國是會議的基本功能,成爲創造一種國家根本大法盪然無存的印象。其中最爲與會者詬病的,即是戡亂體制下不曾改選過的中央民意代表制度。部分代表直言「一國之根本大法竟遭國人質疑與挑戰」,因而主張「針對現實,因應未來,制定前瞻性、時空兼顧的新憲法」[38]。會議中充滿了廢除舊制的聲音,有要求廢除國民大會者,有要求廢除僑選代表者,有主張廢除國會職業團體代表者,有建議廢除監察院者,有認爲可以廢除臺灣省制者,亦有認爲宜廢除鄉鎮制者,也有主張廢考試院或廢人事行政局者,多數則均同意應當廢除戡亂體制[39]。總而言之,國是會議將原憲法根本制度一一檢討,藉着終止戡亂體制的潮流,一併鬆動了其它根本大法設計原先所可能留有的信用與合法性。在這種刻意破舊的會議設計裏,國是會議鋪下憲政改革求新求變的動力。

3.憲政改革

　　除舊佈新與大破大立 的憲政氣氛 對於鬆動既 有體制固 可逐其功效,但求新破舊的政治要求是假藉各種反戡亂體制之理論來執行的,而在反戡亂體制的諸多理由之間,其實存在着相當多的歧異,以致於在國是會議成功地鬆動了所有既存體制的信用之後,並未能建立任何新的制度方向。然而,破舊的氣氛已經形成,即使共識並未形成,

---

[37]　呂秀蓮之發言,前引書,頁329。

[38]　陳長文,<憲法(含臨時條款)修訂方式有關問題議題總結報告>,前引書,頁1347。

[39]　見前引書第五篇之壹至肆章,頁1325-1352。

憲政改革的工作也必須進行，此所以執政黨提出了所謂兩階段修憲方案。

　　兩階段的設計主要是配合李總統就職時所作的政治宣示而作的。李總統多次宣告，要在就職一年內終止動員戡亂體制，兩年內完成憲政改革，於是在政治議程上訂出了期限，無論如何必須完成。兩階段修憲的目的，就是希望趕在李總統就職一年內能完成廢止動員戡亂體制的法律工作，兩年之內完成憲政改革。此一求新求變的政治承諾，使得大破大立的氣象蘊釀變成政府合法性與信用的關鍵，故執政黨特別召開臨時中全會，作了政治任務提示，要在「八一年中，中間的中，必須完成憲政革改工作。」⑩

　　然而，由於修憲的共識在事實上難以凝聚，致在修憲過程中層層出現有關國家根本制度的原則性爭議。由於國是會議已先行完成了大破的任務，致無法建立共識以能根據若干原則來策動修憲工作，也因而憲政改革的結果，在事實的制度上，不得不保留原本屬於戡亂體制下關鍵性的制度設計，呼籲「不可一概抹煞」⑪。比如在第一階段完成的修憲工作中，保留了動員戡亂體制中總統得為緊急命令之權，蓋在動員戡亂體制之外並無類似設計可處理國家遭遇緊急危難時的應變措施⑫。又比如說，動員戡亂體制中原本頗為人詬病的所謂設置動員戡亂機構來決定大政方針之規定，雖然隨動員戡亂時期終止而停止適用，但原依該條文而設置之國家安全會議與國家安全局則被保留下

---

⑩　周怡倫，＜以合法、正當、可行的方式回歸民主憲政體制的常態──訪行政院研考會主委馬英九＞，《中央月刊》，(1991年2月),頁8–11。

⑪　黃小芬，＜國大、臨時會、修憲與籌備工作──專訪國民大會代理秘書長朱士烈＞，《中央月刊》，(1991年3月),頁14。

⑫　謝瑞智，＜一機關兩階段修憲程序之合法性＞，《中央月刊》,(1991年2月),頁13。

來，並給予立法院兩年的時間完成立法以授與新的法源。國家安全會議的成立，使得總統享有遠較原版憲法爲大的決策權力，而無相對的制衡機關，這個明顯是爲因應戡亂才有理由設計的機關，但卻在大破大立的政治氣氛中被保留，卻猶認爲是「眞正落實宣告終止動員戡亂時期」[43]。依一位參予修憲的國大代表的解釋:

> 國家安全會議原隸屬總統，負責國防重大政策之決定，國家建設及科學發展之指導研究，總體作戰之策定及指導等事項，因此任務相當重要……影響國家決策功能至鉅……有必要加以規定，賦予法源。[44]

此種缺乏根本大法設計原則的情形在執政黨的修憲號召中可以看出來。執政黨在建立主導的努力中，即以對歷史負責，依民意修憲爲號召[45]。由於民意在憲政改革中不可能提出根本大法的制度原則，此一口號適足以反映憲政改革諸公未能在李總統宣告的修憲完成時期之內，得出修憲所依之制度原理，因而不得不以原本並無特定內涵之民意作爲指導口號，在實踐上因此發生困難。比如在總統選舉方式上，李總統在執政黨召開爲修憲作準備的中央委員全體會議前夕，環島旅遊，在鼓勵民衆發揮「無中生有的精神，樂觀奮鬥地去創造未來」聲中[46]，聽取若干民衆對總統選舉方式之意見，因而希望改變原本總統

---

[43] 紀晨昇，＜邁向民主憲政新局面＞，《中央月刊》，(1991年5月)，頁16。

[44] 謝瑞智，前引文，頁13。

[45] ＜邁出憲政改革的第一步——李總統宣告動員戡亂時期終止談話全文＞，《中央月刊》，(1991年6月)，頁9。

[46] 華視慶祝李總統就職兩週年特別節目引述李總統之談話，1992年5月19日。

選舉方式之設計，改採公民直接投票，引起黨內強烈的抗拒。然而在另一方面，同樣甚至更代表民意的地方議會對監察委員選舉方式亦有強烈反彈情緒，堅決反對由總統提名，這種情緒卻由總統親自大力疏導以求人和，並未依民意如流。凡此種種可以看出，對於憲政制度之根本設計，無法短期內在後戡亂時期得出，更難從民意中汲取。但由於憲政改革具有高度宣示性作用已如前述，故不得不仍採大破大立的手段，當無法大立時，則採預告形式。

大破的氣氛，從增修條文中可以看出。在八十年代的這次憲改中一共對原版憲法條文凍結或變更之處超過二十條。在基本國策與大陸事務方面則有兩條計八項，作了近三百字的宣示性規定，氣象不可謂不新。致於預告性的設計則包括大法官解釋第二六一號文件，預先規定第一屆中央民意代表退職完成日期，增修條文第五條，預告要求第二屆國民大會代表應該完成選舉之日期，增修條文第十二條，預告規定總統選舉方式定案日期。預告示憲改條文的特色，是在於有必須宣示改革決心的需要，但是又尚未完成改革的準備或條件，只好用預告方式處理，厥為宣示性修憲的最佳註腳。

時間的壓力亦不容許這種宣示性修憲的過程能審慎開放的鼓勵各界來參予。兩階段修憲的籌備過程均是由執政黨內部的修憲策劃小組在主導設計，所以是菁英修憲。在憲法草案正式提交國民大會討論之前，並未透過各界或民眾的批判與回應，主要的公共關係工作集中在宣導方面。致當憲法草案提往國民大會時，國大代表竟紛紛以自己代表民意為理由，提出與修憲小組所提草案截然對立的憲法修正案達一百餘條。由於增修條文在送國大之前，並未經過公開討論，故對各界可能提出之批評與看法頗難事先預估，而且在時間壓力下，一旦提出後又不容許再撤回重議，造成國大代表極度不滿，從而使得各界與各

代表之意見無法透過事先溝通，事後集中的過程來整理協調，造成一意強調黨紀，卻又無法規範執政黨籍代表的困難。執政黨內部意見在這種時間壓力與缺乏事先雙向溝通的模式下，無法有效整合，從而也難以與在野黨與無黨籍國大代表作全面協商妥協，竟最後在上述兩股非執政勢力為示抗議而退出國大後，形成執政黨一黨修憲，則該黨內部之對立意見幾度反而更形尖銳。

由執政黨內部之辯論看來，黨籍國大代表對於根本制度始終未形成共識。爭議之焦點在於行政院長副署權範圍是否縮小，總統是否改由直接民選，總統對人事提名權是否應擴大，監察院是否應由民選國會變為準司法機構，國民大會是否因增加權限作為立法第二院等。這些問題之爭論並不能由制度設計的大觀點來考量，主要是由於國大代表本身對於先釐清制度原理再行具體設計的方式，不能接受。一旦制度原理釐清之後，則無妥協之可能，且在時間壓力下，不可能進行對權力分配有重大影響的根本制度抉擇，此種必須在制度方向不明晰的條件下從事修憲的風格，毋寧更強化了修憲的宣示性作用遠大於其制度性作用的現象。

修憲案妥協了各種政治期望。為使國民大會能接受總統選舉方式之變更，由原係國大選舉產生改為公民投票產生，故賦予國大各項人事同意權。為使國大接受國民大會改為無給職，故同意其每年定期集會檢討國是。為使保留五權體制與廢除五權制之力量調和，將監察院改為準司法機關，考試與監察委員均由總統提名，國大同意後任命。為維持戡亂體制下元首一向享有的政治地位，故保留國家安全會議與國家安全局，並另給予總統監察委員提名權。為保留原版憲法傾向內閣制之設計，故暫不予總統免除行政院長之新權力。總而言之，修憲的根本制度原理尚難在八十年代初期的憲政改革中釐清。

(四)兩岸經驗之比較

兩岸四十餘年來的修憲史有許多雷同之處，而中華民國在八十年代從事的憲政改革亦與中共一九七八年的修憲風格十分相近。從宏觀上來看，一九五四年憲法是中共的原版憲法，一九七五年憲法則是反映了十年動亂的文革憲法，一九七八年的憲法則是終止文革體制的過渡憲法，亦為華國鋒憲法，一九八二年憲法則回歸一九五四年版本再加以更精密與具體的設計。中華民國亦有一部民國三十六年制定的原版憲法，後來有了動員戡亂的臨時體制，至民國八十年又增修了終止動員戡亂體制的憲法條款。中共的一九七八年憲法與中華民國當前的憲政改革有著諸多平行的特色：具備過渡性質，避免對歷史作總結，求新求變以能大破大立的宣示性風格，保留已終止體制若干根本的制度設計，以制憲的心態從事修憲，強調人民羣衆的批判（或民意），爭取時效的菁英主導模式。現分別敍述之。

中共的一九七八年憲法甫制定，即籌備進行下一階段修憲，而且事實上一九七八年憲法仍然保留了像大鳴大放等文革條文，但卻點出了四個現代化的大目標。另一方面，在制度上要如何配合四個現代化之進程則仍不清晰。我國憲政改革亦是過渡性頗強，修憲尚未完成即已決定來年將續修。而目前增修條文亦保留了動員戡亂體制所延伸出來的國家安全制度，但卻點出了修憲是要在中國統一前創造在臺灣的民主新時代。另一方面，在制度上要如何在這個階段替總統、國民大會，與五院定性則仍不清晰。

中共一九七八年的憲法中處處在批判文革政權，但對於產生文革的歷史背景，以及文革之前的發展經驗，均未能作出肯定的評價，致一九七八年的憲法變成沒有歷史的憲法。在一九八二年修憲籌備時的

主要任務，便是要在序言中作經驗總結，賦予歷史一個整體的正面評價，使人民能正視自己。我國的憲改過程中，亦可處處見到對前一時期動員戡亂體制的批判。但對於歷史的連貫性未予以重視，致憲政改革是在一個拋棄傳統的時空中進行，自然使改革的過程頓失方向，不能正視歷史的正面與負面，等於一切從頭開始，任何原則都可以接受，也必須協商妥協，耗時費力而無共識。

一九七八年憲法的主要口號是要完成新時期的總任務，破除文革風，而我國的修憲則亦是極度強調新時代與前瞻性，破除戡亂時期之實踐。雖然兩者均未建立根本大法性質的新制度，但俱相當努力地宣示了求新求變的意圖。反觀中共的一九八二年憲法，則多強調繼承，已脫離了必須以排斥過去來建立合法性的風格。此外，一九七八年的修憲重申了大民主的原則，鼓勵人民羣衆提出意見，與我國憲改時不斷企圖以民意爲由來取得合法性，亦頗類似。

一九七八年修憲工作從提出到完成歷時六個月，民主集中制的要求未能貫徹執行，求破求新的政治要求使華國鋒憲法的完整與嚴密性受到影響。我國的憲政改革則由修憲小組主導設計，亦有明確的時間壓力，以能符合政治上所要求一年廢除戡亂體制，兩年完成憲改的任務，故亦相當程度地由法政菁英主導。而中共一九八二年憲法則進行了全民討論的審愼過程，亦無時間上的壓力，雖然仍是菁英主導，但在正式提案之前，全面容納民衆參予。故民衆參予發生在正式提案之前，使得修憲草案在提案之前已經具有合法性。這種特性和一九七八年憲法與我國憲政改革的風格殊有不同。

最後，一九七八年的修憲與我國的憲改均是抱著制憲的心態在修憲。除了因爲兩者均追求大破大立外，中共方面對於修憲與制憲之間

的差異本不分別❼。蓋既是無產階級專政，改革何必拘於形式，故只
要在條文出現大幅增減，就是視為重新制憲，又有何妨。我國的憲政
改革雖然在形式上是修憲，且總統亦宣告「改革不是革命」❽，但有
兩點顯示是以一種制憲心態在從事。第一就是以大幅度的增加條文方
式進行，實難視為修憲：

> 我們再來看看目前的憲法是要修正，還是要做一個根本的改革。
> 先從前言開始看，那一個國家將革命政黨的理論放在憲法？人
> 民權利的這一章，我們落實了多少條款？國民大會二十七條到
> 底實行幾條？總統一章不夠，還要加臨時條款。行政院那麼重
> 要，條文卻那麼有限。立法院列那麼多種代表，現在可行嗎？
> 而全世界有那一個國家設司法院？考試院在大學如此普遍下，
> 有必要嗎？監察制度發揮了功能嗎？五院的合作也頗有疑問。
> 至於第十章的均權制度、十一章的地方自治有無落實？而目前
> 的選罷法和第十二章的選舉、罷免、創制、複決有無矛盾的地
> 方？第十三章的基本國策，在我們的憲法中最具價值，但平均
> 地權、節制資本、漲價歸公，我們實現了嗎？憲法十四章之中，
> 只有第十四章（憲法之施行與修改）不需要改，其餘各章都要
> 改。因此，這部憲法恐怕不是修正就可以解決的……❾

基於這種因素，或謂我國的「體制架構當然無法解決這些問題，

---

❼ 王弼選，《中國憲法常識講話》（濟南：山東人民出版社，1985），頁
　5–6。
❽ <憲政改革不是革命──總統講話>，《中央月刊》，(1991年5月)，
　頁9。
❾ 城仲模之發言，見《國是會議實錄》(中)，頁1390–1391。

且差距愈來愈大，爲了在短期內解決，只好採取體制外的作法。」⑩
爲了表示憲政改革不只是政府與執政黨的改革，故而有需要儘量容納
無黨籍與民進黨之代表。在國是會議中，上述人士卽占一半，「可見
其意」⑪。

　　由上述簡單的對比，可以看出我國憲政改革的風格與中共一九七
八年修憲時的風格十分雷同。不僅如此，在海峽兩岸分隔之後雙方的
憲政發展型態都有可以類比之處。唯一不同的是，中共一九八二年
憲法已經正在突破這種宣示性修憲風格，而改探較細緻具體的修憲方
式，對於建立有根本大法性質的長遠制度，應當有所助益。

(五)結　論

　　憲政主義要生根的最大困難，在於必須同時能夠根據有限政府的
法治理論，又能設計出一套可以運作的根本法制。如此有了法治與法
制之後，方才可能對不遵守憲政規範的政治人物產生拘束的作用。徒
有法治而無法制，則憲政主義不能落實，徒有法制而無法治，無法阻
止政治人物利用法制私心爲惡。法治的建立提供政治人物不可擴權的
道德檢驗標準，法制的建立則使擴權的政治人物受到制衡。

　　過去有對中華文化與民主結合可能提出質疑者，唯兩岸的經驗顯
示，這種說法低估了中華文化的潛力。法治的觀念已在臺灣地區普
及。有限政府、制衡、人權等觀念在此岸早已耳熟能詳，頗爲彼岸所望
塵莫及。反之，彼岸自一九八二年之後，已把憲法當成一種根本大法
的文件，不再是政治宣示的工具，故不合憲的行爲有可以檢正批判的

---

⑩　田弘茂之發言，見前引書，（下），頁2908。
⑪　田弘茂之發言，見前引書，（下），頁2701。

規範， 算是已在法制的設計上取得了一定的成就， 對於根本大法的制度設計已經邁開了一大步，似乎在兩岸法制化的對比之間取得了暫時的優勢。合而觀之，中華文化裏顯然有法治的因子，也有法制的能力。

海峽此岸未來數年努力的方向，是建立起根本的法制。彼岸的實踐提供了一些可資參考的方向。比如說，勇於總結經驗，對歷史除了批判之外，亦宜作正面的評估，使憲政改革有軌可循，國民不必依賴否定過去來取得主權意識。又比如說，憲改過程可以更積極，有系統地容納全民討論，不急於有立卽的成果，容許憲改諸公有更充裕的時間來思緯，而不必交付壓力太大的政治任務，限時完成。最後，則是人爲的問題，亦是近年來學者們一再談的，卽修憲要從根本制度著手，雖然這點難容於政治現實之中，但在根本制度上一次徹底的攤牌，未始不利於根本大法的最終建立。過去， 此岸重觀念而輕制度，凡事皆採體制外抗爭。要成爲眞正的憲政國， 根本法制之建立當最爲關鍵。

七、爭 議：
人權理論之分歧

　　對於中國大陸法學界而言，法律通常被視爲是階級社會的產物，蓋法是用來體現統治階級意志之工具❶。既然歷史是順著階級鬥爭的循環前進以至於階級消弭，則沒有一套法律體系不是終將面臨被取代或完全淘汰的命運。這套馬克斯主義的長期歷史觀，多少限制了法律在短期特定階段內，爲鞏固統治階級利益而應當起的穩定作用，致中共自一九四九年以來的法制建設工作，始終缺乏一個明確的發展軌道，「經歷了極爲曲折的道路。」❷

　　階級史觀下的法制觀之另一特色，在於將法律視作是政府依據以行使統治之工具，故法之宗旨，不是要規範行使統治權的政府如何行使統治，而是以規範社會爲出發點的。因此，法的原意，不在於它能提供社會上的人民一種權利之保障，而是要課人民以義務。所以相較於西方那種要以法來限制政府權力的學說，中共的法是要強化政府的統治。限制政府權力以保障人權的觀點，在許多中共法學家眼中看來，只不過是企圖爲少數擁有生產工具的資產階級，找尋滲透與利用

---

❶　張友漁與王叔文，《 法學基本知識講話 》（北京：中國青年出版社，1980），頁11。

❷　許光泰，〈中共社會主義法制改革初評〉，《中國大陸研究》，31：11（1989年 5 月），頁21。

統治機器的藉口而已❸。

從一九四九年至文革結束這段歷史，顯示出這種階級史觀下的法律哲學，嚴重地違害了法制建設的工作。因此，自七〇年代末期以來的改革，特別強調安定團結，建立「不因領導人的改變而改變」的法律，做到「有法可依，有法必依」的要求❹。在這個新認識的基礎上，中共也同意法學「有自己獨立的體系，自己的邏輯……，不能靈機一動想搞什麼法就草率地搞什麼法。」❺法制建設倘若建立了一套穩定的統治程序，立刻產生兩種政治效果。其一，當統治程序不再因人而異時，則統治程序之正義標準何在勢必會引發討論。其二，統治階級的代表與公民必須一體接受此一程序的限制來行使統治與被統治之權利義務。

正是在這種強調法制以鞏固統治權力的時空之下，對於人權觀點的主張，反而矛盾地獲得了發展的空間。在法的本質的討論當中，近來特別引起重視的，就是權利與義務孰重的爭議❻。其中人權的觀點變成格外地重要與敏感，則是受到國際大環境中西方人權思潮進駐前社會主義東歐之後，所形成對中共的道德壓力影響。中共法界領導人認識到階級鬥爭在大陸內部仍將長期地存在於一定範圍內，故在法制改革之初，便曾重述早先所強調的，法制建設要重綱領，不要「過細

---

❸ 中共法學界對三權分立的看法可參見，熊自健，＜論中共加強批判三權分立制＞，《中國大陸研究》，34:7（1991年7月），頁32-41；石之瑜，＜論社會主義法制與憲政主義法治之接合可能＞，《東亞季刊》，23:4（1992年4月），頁58-71。

❹ 中共中央文獻研究室編，《鄧小平同志論民主與法制》（北京：法律出版社，1990），頁4。

❺ 彭眞，《論新時期的社會主義民主與法制建設》（北京：中央文獻出版社，1991），頁135-136。

❻ 石之瑜，＜析中共法界辯論法學本質之歧異＞，《中共研究》，26:3（1992年3月），頁75-86。

過硬」，只不過現在又加談要保留原則性與靈活性，建議法律不要「太死」，以能反映法之根源，是來自無產階級工農羣衆的立場❼。

　　法界的主流因而對於以限制政府權力爲出發點的人權主張，多抱持著大加批判的態度。雖然在大部分文獻當中，中共法界批判的對象是西方的人權觀❽，然而中共學界內部仍有不少從法理上或直接或間接地將以人權爲基礎的法哲學觀點，不絕如縷地呈現在法界眼前。本章的重點，是探討法制改革過程中，對中共既有法哲學觀挑戰最直接的人權觀點，如何地在主流學界的大力譴責下，以各種不同的風貌保留下來。在這場並未引起學者們交互對話的辯論中，基於對人權的立場，可以大別之爲三派：反人權派、發揚人權派與折衷派。本章將藉有限的空間簡述這三派的主張，最後亦將討論此一有關人權的文獻爭議中，透露出什麼政治訊息。

(一)反人權說

　　人權主張者常以發揚人性爲其號召，但在馬克斯的觀點中，人不是抽象類屬，如果人的這種「類」的力量過度被強調，則這個「類」便成爲分離現實與個人的一種力量。要發揚人性，解放人類，就必須讓人從階級屬性中解放出來。所以抽象的人性在階級社會中是不存在的，人性是一種根據社會分工方式而發展出來的利己主義。要超越這種現實生活當中，以階級爲對象的利己主義，必須等到社會生產力極度發達，社會分工不再決定人的社會屬性的時候才有可能❾。

❼　陶希晉，《新中國法制建設》(天津：南開大學出版社，1988)，頁123-135。
❽　熊自健，＜中共加強宣導馬克斯主義人權觀＞，《中國大陸研究》，34:9 (1991年9月)，頁55。
❾　韓慶祥，＜關於馬克斯"人的全面發展"涵義的商榷＞，《新華文摘》，2期(1991)，頁21-25。

根據這樣的觀點，人權絕不可能是一種普遍性的概念。人權的階級性決定了只有統治階級的成員才可能享受所謂的人權，而其中最核心的一項正是財產權。在社會主義國家當中沒有私有財產權，談人權因而是超越了社會主義的國家制度。有學者因而主張用「公民」權的概念取代「人權」，以恢復國家與其公民之聯繫，並表示所謂權利乃是在統治階級「允許」的利益範圍內作抉擇，獲利益的手段❿。所以人權表面上雖然是在談權利，本質上其實是一種權力的表徵。權利只是反映了權力的歸屬而已。

持這種看法的學者認為，人權中的權力要素，是指國家負責人或國家組織所享有的「管理和指揮某些事務的職責和支配部屬行為的力量」，由於社會主義國家「實現了國家權力一切屬於人民」，所以是已經「從根本上保證了占人口絕大多數的勞動人民享有當家作主的廣泛的民主權利和自由」⓫。資產階級講的人權，雖然也具有普遍性的訴求，但由於掌握權力的是資產階級，所以真能透過各種人權保障而享受財產自由權的，只有資產階級，無產階級卻因為這些對人權的保障，反而不能要求更公平地重分配社會財富，因而人權對無權力的無產階級集體而言是剝削性的概念，儘管每一個無產階級個人，都似乎享受到人權的保障。

人權觀以個人權利為重的說法，從歷史發展的角度檢證時也受許多學者質疑。中共學者對當代人權觀的發展有幾種並不相互矛盾的說法。有人認為人權的內涵是從自由權發展到參政權再發展到社會

❿ 張光博，＜堅持馬克斯主義的人權觀＞，《中國法學》，4 期(1990)，頁17。

⓫ 吉同文，＜試論馬克斯主義人權觀的幾個理論問題＞(上)，《政法論壇》，1 期(1992)，頁4，5。

權[12]。有人把人權的發展分爲三個世代,第一代人權是針對封建階級講的, 亦卽一般耳熟能詳的天賦人權理論; 第二代人權是透過社會主義運動對資產階級提出來的各種經濟、社會、文化方面的權利; 第三代人權則是二次大戰後以反殖民主義型態提出的, 包括的概念有民族自決權, 發展權、國際和平與安全權、繼承人類共同遺產權、環境權、民族平等權、人道主義援助權等等[13]。另外, 還有所謂的四階段說: 傳統階段的天賦人權, 第一階段的國際化人權, 第二階段的民族自決權與第三階段的民族發展權[14]。

上述對於人權發展的過程, 容或有不同的描述方式, 但其間所傳達的訊息卻是一致的。雖然西方所謂的人權觀是人權發展的先鋒, 在對封建階級鬥爭時所起的歷史作用固然值得肯定, 但今世人權觀已經將權的主體從個體發展成集體, 內涵從政治發展成經濟與社會。這裏的含意在於西方的所謂人權觀, 旣非互古不變的, 而且已經爲歷史所淘汰。集體的民族自決權之所以得到發展, 正是在回答個體剝削權泛濫形成帝國主義的現象, 這使得第三世界國家意識到, 集體權如果不受重視, 便無法獲得個體權利之保證[15]。

對集體權的強調, 因而使國家可以限制公民在享受權利時的行爲, 以保障「祖國的安全、榮譽和利益」[16],所以, 在一九八二年修憲時, 中共刪除了不符合國家和人民「根本利益」的遷徙自由與罷工自由, 並說明「人民對社會主義政治制度的選擇權是唯一的, 不可動搖

---

[12] 張光博, 前引文, 頁15。
[13] 白桂梅, <論新一代人權>, 《法學研究》, 5 期(1991), 頁1-2。
[14] 吉同文, <試論馬克斯主義人權觀的幾個理論問題>(下),《政法論壇》, 2 期(1992), 頁1-3。
[15] 白桂梅, 前引文, 頁6。
[16] 吉同文, 前引文 (下), 頁6。

的。」❼集體權據稱對中國尤其重要，蓋過去因為封建階級的殘餘，結合了國際性的帝國主義與國內的官僚買辦階級，使得脆弱的民族資本家難以相抗，甚至不能發展出有利於資產階級的個體人權觀。無產階級之興起取代了民族資本家，使得中國超越了資本主義發展階段，直接進入社會主義階段，從而

　　結束了中國一百多年來任人宰割、受盡欺凌的屈辱歷史和長期戰亂，一盤散沙的動盪局面，實現了人民夢寐以求的國家獨立和統一。占人類總數近四分之一的中華民族再也不是侵略者可以任意屠殺侮辱的民族，中國人民以國家主人的姿態站了起來，第一次真正享有了應有的人格尊嚴，贏得了全世界的尊敬。中國人民的生命安全從此獲得了根本保障。❽

　　集體人權的另一種表現方式即是國家主權，而集體人權與個體人權孰重之爭就等於是看國家主權是否足以排斥國際對國內個體人權問題之干涉。中共學界的主流認為，沒有主權便無法對抗帝國主義，如此人權也不可能受到保障。所以他們主張，國際上對人權的保護，必須透過國家主權間以條約方式來進行，國家只有義務透過自願的方式，來「促進、增進、鼓勵、助成」人權，而不受其它國家以威逼方式，強迫執行某一項所謂的國際人權規定，除非國家違反人權的行為已經構成如「新老殖民主義、霸權主義」和「納粹主義」及「法西斯

---

❼　孔令望與戚淵，〈我國憲法有關公民權規定的特色〉，《法學》，3期
　　(1992)，頁3。
❽　國務院新聞辦公室，《中國的人權狀況》（北京：中央文獻出版社，
　　1991)，頁4-5。

主義」之類的國際罪行時，才可以進行國際干涉⓳。換言之，國際對人權保護之責任限於對集體人權之保護。

　　個體人權仍被認爲是國內法的問題。人權既然是階級性的觀念，則自然是依據一國之內的生產關係而決定的。所以，國家主權不僅與人權是密切關聯的，而且是占首位，「起主導作用的」部分。如人權問題可以成爲國際干涉的理由，使得主權被破壞，事實上無異於誘使霸權以人權爲藉口來破壞他國之主權，進而使他國的人權不能獲得保障。而人權之所以必須取決於國內因素，正是因爲國內生產力發展的程度制約了國內的階級因素，一國不可能超越自己所處的歷史階段，去發展處於不同歷史階段國家的人權觀念:

> 將基本上屬於一國內部人民享受權利的程度，作為國與國之間進行交往所必須遵循的一個基本原則來對待，是不恰當的，容易產生國際上的糾紛……人權原則固然重要，但將它視為現代國際法的基本原則，使他國能按照自己的標準，隨意判斷他國的人權狀況，客觀上勢必加鉅國與國之間的矛盾……⓴

　　其實，部分中共學者認爲，資本主義國家的人權狀況才大有可議之處。在資本主義社會裏，自由、民主權是與政權相關的，他們利用政權來保證財產權，認爲財產權重於民族生存權的觀點本身就反映出了資產階級特性。而社會主義國家在不推翻資產階級人權觀的條件

⓳　鄭勇，＜國際人權問題的起源和發展＞，《中國法學》，4 期(1990)，
　　頁22-23。
⓴　魏敏，＜人權的國際保護與不干涉內政＞，《新華文摘》，6 期(1991)，
　　頁17。

下，強調先解決經濟基礎問題，使得每個人都可以享受資產階級提出的人權，在經濟基礎完成之前，每個國家都必須受國內制度與文化傳統之影響[21]。在資產階級國家中，看起來某些人權保障成就較高，這是因為經濟發展程度較高之故，但他們碰到的貧富兩極分化、失業、男女不平等、吸毒、犯罪、種族歧視、賣淫、同性戀、單親兒童等社會現象，則被一些中共學者用以證明社會主義人權的優越性[22]。

歸根結底，一位學者指出觀念上的癥結，在於國體與政體不分的分析法則。所謂民主，一般指的是政體，而政體是反映階級關係，故民主的政體只能保障統治階級的成員民主參政、維護人權，但被統治階級就沒有這種權利了。在中國大陸，政體或許並未如西方之民主，但執政的是代表無產階級的共產黨，所以執政者與羣眾在參予政治方面的權利是相同的，執政者與羣眾的差別在於管理國家事務的權利不同，這種不同反映了國家的階級本質。政體的民主程度不能決定國體的民主程度。政體的民主是法律問題，國體的民主是政治問題，故學者強調在中國大陸的國體是民主的，這點，就根本決定了其人權保障程度一定優於資本主義民主[23]。這裏所謂的人權，似乎指的是經濟平等權，而不是政治參予權，前者被認為是政治問題，後者是法律問題。

總而言之，中共主流學派對人權的觀念是採負面的評價，認為人權觀過分著重個體，是落伍的，純法律的，資產階級的，虛假的（少數才能享有的），與時俱變的，非普遍性的，故反對在社會主義法制

---

[21] 陳先達，＜社會制度與人權＞，《新華月刊》，5期(1992)，頁15。

[22] 尤俊意，＜當代人權實踐的新發展＞，《社會科學》，9期(1990)，頁38-39。

[23] 董和平，＜民主與公民政治權利辨析＞，《法學》，3期(1992)，頁5-7。

改革的過程中，引入西方的人權觀念。

(二)發揚人權說

在馬克斯關於人的全面發展的論述中，大陸學者當中有一些與主流學說不同的看法存在著。大多數人雖然認為人的階級性妨礙了人的全面發展，故必須透過生產力的發達以 使人從階級屬性 當中解放出來。但有學者認為，人的解放是人的全面發展的必要條件，而每個人的自由發展是一切人自由發展的條件[24]，從而隱含了人受到階級屬性以外的束縛，而且人的自由發展與解放是透過個體的解放，而非階級的集體解放來完成。正是這種對階級屬性以外的、普遍的人屬性的認知，驅策著一些法學家在冷峻的政治氣氛中為人權的法理基礎催生。

對於主流學說主張用「公民基本權利」取代「人權」的說法，有人指為不合邏輯。倘若人權就是公民權利，則難民與無國籍者便無人權。人權的概念甚至不能用「基本權利」概括之，蓋特定團體如殘疾者、罪犯、消費者所享受之權利，雖非基本權利，但仍是人權的範圍。故人權不是法定權利而是應有權利，並且這種應有權利「在法律沒有予以確認和保障之前，它們在現實社會中是客觀存在的[25]」。應有權利提醒立法者在條件允許的情況下，便應該把應有權利毫無限制地給予人民享有，不加限制[26]，最重要的，是應有權利雖然有其階級根源，但亦可能「仍然超脫於這種階級矛盾和對立之上而不具有階級

---

[24] 趙蒩，<理解馬克斯"人的全面發展"之涵義>，《新華文摘》，4 期(1990)。

[25] 李步雲，<論人權的三種存在型態>，《法學研究》，4 期(1991)，頁14。

[26] 張文顯，<人權的主體與主體的人權>，《中國法學》，5期(1991)，頁30。

性」，故具備一定程度的抽象性㉗。但另一方面，應有權利又反映在各種鄉規民約，習慣傳統，倫理道德觀念與政治意識之中，「並不是什麼虛無飄渺的東西」。

人透過對權利的主張來實現價值，這表示「權利與主體的生活密不可分」，此人作爲「社會生活的主體」，必然要求按照「利益需要」去改造作爲客體的社會，這種利益需要便是法的權利的來源㉘。如果照主流學說那樣，認爲權利與義務是一致的，自然就消弭了人基於利益而主張權利的積極性。故有學者提醒，權利與義務無論是在理論上，或是實踐上均不具備必然的一致性或對應關係。而且理論上若將權利視爲是一種義務的話，將「使義務本位主義更加猖獗，這在實踐上對我們建設社會主義民主是極端不利的」㉙。

強調權利的觀點未必認爲法律化的權利是最好的保障。蓋法律是階級的工具，法律化的人權最多只是保障統治階級成員的人權。社會主義的目的，是要把法的權利變成普遍的社會權利，使權利的法律意義褪去，成爲社會生活的基本條件，故而是「不是權利的權利」，同樣，社會主義法上的義務也應該透過道德內化而變成「非義務的義務」㉚。由於權利的根源是社會物質條件，所以人們對權利的追求會是如此地自然：

……權利的根本是主體的社會地位和由此獲得的利益。主體的

㉗　李步雲，前引文，頁16。

㉘　陳友清，<價值與權利：九〇年代中國法學理論的重心>，《法學》，4期(1992)，頁4-7。

㉙　韋紹英，<"權利義務一致性"評析>，《法學評論》，5期(1988)，頁11。

㉚　陳友清，前引文，頁6。

權利要求、權利設定和權利行使，無不寄托了主體對社會生活的價值理想和追求。權利之爭導源於社會的利益分配……階級利益的對立產生了掩蓋利益分配的法的權利和義務設定，而主體權利意識的真正覺醒，則是以平等、自由交換為主題的商品經濟的產物。商品經濟使權利幾乎成為主體投入和立足於社會生活的首要價值目標。❸❶

權利主體的權利要求，竟不是根源於階級屬性，而是受商品經濟引動的這種主張，使人不得不正視個體作為權利主體的正當性，在這一方面對主流學說挑戰最大的論點，便是人權的主體必須是個體，不可能是集體。比如說，民族自決權可逕視之為民族權利，而不必謂為民族的集體人權，否則的話，工人、農民、知識分子、北京市民豈不都可以號稱擁有某一種特殊的集體人權。可見人權的主體必須是無差別的自然人，而不可能是集體❸❷。換言之，主流學說所謂人權的階段發展趨勢由個體到集體的說法，似乎是對人權觀念的根本誤解。

當然，個體人權與集體人權雖不相同，並不表示他們相互排斥，但個體或個人的活動是集體活動的「基礎和前提」，如果社會權利不能表現為個人權利之集合，則不能冠以社會權利之名❸❸。這樣說來，主流學說主張集體權利比個體權利更應受尊重的說法是大有疑問的。像憲法中明白宣布公民在法律面前一律平等，這就表示人權是「平等的」、「普遍的」而且「不屬於何種集體」❸❹。個體權利與集體權利孰優

---

❸❶　前引文，頁6。
❸❷　張文顯，前引文，頁27。
❸❸　前引文，頁29。
❸❹　前引文，頁27。

與集體的大小是無關的:

> 首先，在社會主義權利體系中，何種權利「更高」，「更應該受
> 到尊重」，不是依主體是誰而定，而是依據何種權利更加符合
> 社會主義的理性原則、道德標準、功利效益等。如果依主體大
> 小高低來確定保護的等級，那怎能保證法律主體在法律面前一
> 律平等呢? 怎能制止侵害公民權利的行為呢? 如果這種邏輯推
> 演下去，它便成為超級大國或國際組織干涉一個主權國家內政
> 的理論依據。其次，每一個主體的法律權利都是國家賦予或認
> 可的。國家在制定法律或適用法律，宣佈各種權利時，已經按
> 照人民的共同意志和公認的價值標準對個人、集體、社會的利
> 益作了權衡。個人權利與集體權利和社會權利一樣，都內在地
> 體現了個人利益、集體利益、國家利益乃至人類根本利益的統
> 一，都是對正當利益的確認。❸⑤

將個體權利與集體利益作出這種調和性的理解，據稱可以在歷史
的長河中，決定國家的變遷與政權的更迭。在鼓吹法治的學者當中，
有特別重視公開政治與公民監督的主張者，他們引用鄧小平所提示的
「最可怕的是鴉雀無聲」的說法，認為一定要把公權力處於公民監督
之下受其制約，且需突顯程序的重要性，藉著「積極支持公民行使憲
法和法律賦予的各項權利，使黨心、軍心、民心，心心相印，羣策羣
力，共渡難關」❸⑥。法律的權威性一旦建立，中共才能眞正步向法治

---

❸⑤　前引文，頁29。
❸⑥　陳春龍，<法治與國家穩定>，《法學研究》，2 期(1992)，頁6-11。

社會❸。這種說法連臺灣學者都頗爲印象深刻，謂將「樂觀其成」❸。

中共對於政權的事實控制，使之過渡到尊重人權的法治國並不容易。想像力豐富的學者因而提出「黨主立憲說」❸。黨主立憲的觀點是從君主立憲而來的。過去資產階級在與封建階級爭取人權的過程中，承認君王的領導地位，但以憲法爲契約，限制其權力以保障人權。在當今大陸，國家機關都是黨的執行機關，由黨產生，對黨負責，受黨監督，故可稱之爲黨主制。黨的地位是在憲法之上則與過去君王地位在憲法之上是相似的，故倘以憲法爲約限制共產黨或可有助於法治國之建立。

黨主立憲的建議被主流學說批判爲是與黨政分開的既定政策背道而馳，而且憲法已規定一切權力屬於人民，則黨主立憲要求由憲法來授予黨權力是不合憲的❹。然而，倡議黨主立憲說者卻認爲，黨政分開的前提是堅持黨的領導，但黨政分開又容許其它黨在政治中崛起而出現多黨制，與黨政分開的前提是矛盾的。倒不如先承認黨的絕對領導，再以憲法限制之，是在名義上退一步，在實際上前進一步❹。

對人權觀點持正面評價的學者皆強調人權的抽象面，普遍性與應然特質，重申個體之爲人權的主體，承認對權利之主張是基於物質生活當中的價值追求，不全然是階級的產物。爲了保障個體的人權，他

---

❸　于浩成，＜新憲法確立了在黨領導下以法治國的重要原則＞，輯於中國法學會編，《憲法論文選》(北京: 法律出版社，1983)，頁122。

❸　許光泰，＜社會變革下的中共法制改革＞，《中國大陸研究》，32: 1 (1989年7月)，頁39。

❸　劉大生，＜試論「黨主立憲制」——關於社會主義初級階段合適政體之探討＞，《社會科學》，7期(1989)。

❹　邱乘光，＜"黨主立憲制": 合適政體，還是將錯就錯? ＞，《社會科學》，11期(1989)，頁31。

❹　劉大生，前引文。

們又要求限制公權力，建立法治。這些說法雖然與反人權說並未正面針鋒相對，但彼此觀點的歧異，似乎不可以道里計之。

（三）折衷說

如前已述及，對馬克斯主義的不同詮釋，使有人認爲人權是指個人的自由發展權利，而也有人認爲人權是人類集體自階級屬性解放出來時才能享有者。一種折衷的說法，則認爲一切人的全面發展必須以每個人都先得到自由的全面發展，但這必須通過集體占有生產資料，才能把物質生產置於自己的控制之下，才會有眞正的自由❷。馬克斯理想當中的所謂「自由人的聯合體」正體現著這種個體爲主，集體爲工具，最後獲致集體解放效果的又個體，又集體的矛盾辯證思想。

另一種折衷人的個性與類性的主張，是奠基在社會化生產力已然大幅提昇的基礎上。由於生產技術進步而獲致一部分自由時間的現代社會白領階級，爲了爭取自由時間，將發展出掙脫資本主義生產方式的束縛，追求完全的解放❸。這個看法的特殊性，在於一方面承認了自由人的出現不是一種猝生的革命結果，另一方面則否定了資本主義階級社會中可能存有完全的自由人。然而白領階級既被視作是部分自由人或說是完全自由人的前身，則表示個人的自由的全面發展與一切人的自由的全面發展不是完全相同的兩回事。

其次，在關於人權是一種固定的，抑或發展的概念的問題上，折衷學說認爲人權雖非固定的概念，但其發展過程不是斷裂的，而是持

❷　趙常林，＜馬克斯自由觀的演變＞，《北京大學學報》，4 期(1984)，頁37，引於熊自健，＜大陸理論界對馬克斯自由觀的新探討＞，《中國大陸研究》，32：8 (1990年 2 月)，頁44。

❸　劉全復，＜馬克斯的自由觀與新技術革命＞，《雲南社會科學》，4 期(1986)，頁25-26，引於熊自健，前引文，頁45。

續的, 此乃因為人權是指一種道德上的權利和義務, 是在資本主義和社會主義這兩種生產關係裡才有可能談人權觀, 而且代表這兩種人權觀的西方人權觀和馬克斯主義人權觀不可能完全相左。他們之間有其類似之處:

> ……不同階級道德代表同一歷史發展的不同階段, 所以有共同的歷史背景。「就因為這樣, 就必然具有許多共同之處。」這些話也說明為什麼人權問題會成為當代世界上意識型態鬥爭中的一個尖銳問題, 同時也說明為什麼資本主義社會中的人權和社會主義社會中的人權儘管在本質上是對立的, 但在形式上有某些共同之處。[44]

所以, 無產階級要爭取的不是嶄新的人權, 而是把資產階級提出的, 但只有資產階級才能享有的普遍性權利, 落實成為一般人都能享有的普遍性權利[45]。無產階級也要爭人權, 只不過爭的對象不是封建階級, 而是資產階級。就人權所包含的民主、自由等具體內容而言, 應該是包括在社會主義要求之內的。所有與人權相關的這些民主、自由、憲法、共和國等之概念, 雖是資產階級思想家創造的, 都可視作「人類思想理論發展的普遍現象」, 只是這些人權要求得在社會主義條件上才能普遍實現。社會主義國家在人權問題上應「不諱言」, 而且講人權時可以「理直氣壯」[46]。

---

[44] 沈宗靈, ＜人權是什麼意義上的權利＞, 《中國法學》, 5 期(1991), 頁23。

[45] 王德祥, ＜論我國人權的憲法保障＞, 《法學研究》, 4 期(1991), 頁19。

[46] 饒方, ＜人權與法制理論研究綜述＞, 《中國法學》, 4 ,1991, 頁44。

質言之，社會主義國家對於各種人權之間的優先順序，有着與資本主義國家迥異的意識型態判斷標準。在孰優孰劣的辯論中，有學者指出，所有的意識型態標準均有一些共通性。第一，意識型態標準不可能原封不動地移植到法律之中，使得理想世界與現實世界之間出現張力；其次，任何意識型態標準皆有時代性，當代對人權的安排，均或在未來會受到否定評價⑰。這些警世的提醒可以是同時針對社會主義與資本主義講的，可見在人權的意識型態標準裡並不能得出普遍性的道德規範，即令號稱完備的社會主義人權觀，亦會受到現實、時代、階級與民族性的影響而不能充分地宣稱擁有最終的道德判斷標準。

在個人人權與集體人權的爭議上，在一九九一年由中國社會科學院舉行的人權理論研討會上，大多數學者是採用了折衷的說法，認爲當代人權的主體包括個人和集體，而且「個人人權是集體人權的基礎，集體人權是個人人權的保障」⑱。如果人權的主體包括了個人，那麼某些跨社會、跨時代的共同標準應該是存在着的，這些標準必須是奠基在人類的良知上的⑲。事實上，對於具有集體性質的人權主體，彼此之間更存在着普遍適用，超越意識型態的標準。這種「不分國家的社會制度、發展水平以及歷史傳統，對一切自然人（個人）和社會人（集體人、民族、種族、宗教團體等）普遍適用和可行的人權」是爲共性人權⑳。在社會主義國家，絕不容忽視一切人的平等，

---

⑰　徐衞東，申政武與鄭成良，＜論人權的意識形態標準與法律標準＞，《新華月刊》，3期(1992)，頁10-11。

⑱　李林、蔣兆康、莫紀宏、王曉燕、朱曉青，＜以馬克斯主義爲指導深入研究人權理論──人權理論研討會綜述＞，《法學研究》，(199)，頁14。

⑲　徐衞東等，前引文，頁10。

⑳　李林等，前引文，頁20。

而要保障與重視個人人權的實現❺❶，才能克服人與國家的分離。

　　共性人權的認知不可避免涉及一國對國際社會的人權義務。折衷學說同意主流學說所謂本國人民人權之維護是一國主權範圍內的事，是內政的性質，外國不應干涉。但他們仍強調「每個國家都有義務充分保障本國人民的人權。」❺❷由於人權在本質上是一種道德權利，故可以在國際範圍講，但人權的國際標準必須靠國際公約來體現❺❸。既然完善共同的人權標準是如此的必要，各國雖然可以依據主權原則保留或退出某些人權條約，但絕對不可以一方面對國際承諾了義務，另一方面又在實踐中不履行，如此當事國就沒有理由將有關的人權爭議，視爲純粹的內政問題❺❹。

　　折衷學說的特色在於它不像反人權說或發揚人權說那般儼然形成有系統的學派。在特定問題上採納折衷立場的學者往往在其它人權問題上有十分明確的學派歸屬。在反人權說的陣營中有不少願意承認個體也可以作爲人權之主體者；在發揚人權說的支持者中，則竟絕大多數仍認爲以人權理由干涉他國內政，是違反國際法主權原則的行爲，不可接受。由於折衷學說本身不形成一派，故折衷立場的提出，可以視爲反人權說與發揚人權說彼此妥協辯證出來的產物。這一方面顯示中共法學界在人權問題上尚未有一致的看法，各方立場似仍有彈性，但不可否認，這種彈性正證實了折衷學說的揮發性，所有折衷的立場都可能被改變，成爲被妥協的對象。

---

❺❶　劉瀚與李林，＜馬克斯主義人權觀初論＞，《中國法學》，4 期(1991)，頁37，40。

❺❷　郭清，＜中國在人權上的基本立場和基本實踐＞，《新華月刊》，1 期(1992)，頁 6。

❺❸　沈宗靈，前引文，頁25。

❺❹　徐衞東等，前引文，頁12。

（四）和平演變

人權的辯論之所以在中國大陸如此敏感，是因為人權的討論可以成為兩種發展的指標，第一，宣揚人權觀反映了西方意圖把社會主義兵不血刃地演變成資本主義社會的心態；第二，人權觀的出現與散佈象徵著和平演變已然取得之成效。反和平演變工作的重點之一，便是批判所謂代表資產階級自由化的人權觀。本節檢視中共如何看待人權觀這一和平演變工具，並如何評斷它在大陸內部起的和平演變效果。

和平演變的戰略據稱可以一直追溯到蘇聯布爾什維克革命成功之時，當初對共產主義是採用扼殺政策，二次大戰後由於扼殺政策不成功就採用遏制戰略。在一九五二年則正式進入和平演變的戰略期，希望透過共產陣營內部的自由派人士的努力，使得社會主義國家經過幾代人的時間後能變成西方「自由世界」的成員，所以西方對於社會主義國家內部的自由主義力量和民主個人主義者必然會大力支持❺。八〇年代以來的和平演變戰略賡續了過去三十年的脈絡，鼓吹要用人權口號與民間組織援助社會主義國家的民主勢力爭取自由的鬥爭，其中以美國為首的西方國家所使用的手段中有幾個突出的特色：開動宣傳機器在意識型態領域裡進行思想滲透，企圖利用改革開放來敦促全盤西化的風潮，鼓勵走多元化與多黨制的政治改革以逐步排斥共黨的執政地位。這些工作一律以「人權」為口號，藉人權外交之名對社會主義國家進行制裁，組織反政府的人士，發動學潮，醜化社會主義制度，最終目的是恢復私有財產制❻。

---

❺ 張蔚萍等，《兩種戰略——和平演變與和平防變》（重慶：重慶出版社，1991），頁18-47。

❻ 前引書，頁136-156。

最引起中共注意的和平演變主張, 爲尼克松的《1990！不戰而勝》及布熱津斯基的《共產主義的大失敗》兩本鉅著。尼克松的手段最被重視, 因爲他知道在人權問題上對中國說教可能產生與批評中國人權者意圖相反的作用, 可見尼克松更懂得以緩和代替緊張的精義:

> ……用接觸來代替隔離, 用交流來代替封鎖, 用思想滲透來代替公開的顛覆活動, 用「培養內部變革力量」來代替外部的軍事、政治干涉。火可以燒死人, 水也可以淹死人。尼克松採取的辦法是後一種。這使「和平演變」鬥爭表面好似淡化, 而實際上卻是更加劇烈、更加複雜了。❺⑦

布熱津斯基的書則直截了當地宣布社會主義已經失敗, 卽令中國大陸有可能使社會主義復興, 它也必須靠遠離馬列主義來完成獲致繁榮的任務, 而西方的工作, 是必須不斷地促進人權事業, 此乃當代最具吸引力之政治觀念。布氏對共產主義根本特質之一段評價對中共最具挑戰性, 也揭露了他所謂的人權, 其實指的就是私有財產權, 故爲中共學者引用:

> ……〔共產主義〕是一種稀奇古怪的思想變態, 因爲它是一種無視人的根本天性 —— 產權、家庭生活高於一切 —— 強加於社會的政治制度, 而要使這種制度運轉, 就必須大規模實行暴力……它是行不通的。❺⑧

---

❺⑦ 莊漢隆與楊敏,《西方「和平演變」戰略史話》(北京: 長征出版社, 1991), 頁119-120。
❺⑧ 前引書, 頁145。

西方的和平演變戰略在中國大陸能不能產生效果呢？由於中共學者將當前的社會主義定位在初級階段，從而必須利用一些資本主義下的方式來提高生產力，因此而必須容忍一定程度的私有制與剝削現象，如此使得中國大陸內部的階級關係益加複雜。和平演變的契機，似乎就在於透過「獨立意志」，「主體性」，「人權」這些觀念，使少數人以解放思想爲名企圖「解決產權界定」，「保障私人財產」，「形成穩定的中產階層」。中共擔心，這少數人將以政治菁英的姿態出現，組成集團來對當局施壓，與知識界相互支持㊾。

對中共官方一項新的理論挑戰，是來自於古典的民主社會主義。許多歐洲的社會主義黨抱著與資產階級聯合的想法，以取得議會中多數爲手段來奪取政權。換言之，民主社會主義者相信和平轉移資本主義社會是可能的，社會主義可以視爲是一個社會合作而非社會鬥爭的過程。這種主張之集大成者是考茨基。歐洲的社會主義政黨受到影響，多能同意與資產階級妥協，與帝國主義維持伙伴關係，甚至接納多黨制，放棄公有制經濟。在中共反和平演變工作者的對照之下，發現中國大陸內部許多談民主、人道的主張，與歐洲的民主社會主義，在「思想淵源上，而且在政治行動上，乃至人員往來上，都有著明顯的聯繫。」㊿

和平防變理論工作者在一九八九年民運之後細說了資產階級自由化的歷程,將源頭溯至一九七九年的北京民主牆活動,他們把知識界、文藝界、政界的人一一點名,凡是有述及多元化,自由化,人權,私有化,多黨制,啓蒙,人道主義,民主沙龍的人,均被指爲是與北京之

㊾　蔡仲德,《反和平演變與培養接班人》(上海: 同濟大學出版社, 1991),
　　頁42-44。

㊿　前引書,頁53-67。

春，精神污染，資產階級自由化及最終爆發的反革命暴亂等一脈相連的西方和平演變工具。總結對這些人的批判時，和平防變理論家顯然相信，鬥爭的根源是在人性對抗階級性:

> ……階級鬥爭在一定範圍內長期存在是不以人們的意志為轉移的。否認它、迴避它、淡化它，都不是馬克斯主義的態度。近幾年來理論界發生的一些混亂許多方面都與淡化階級觀念有關。有的理論工作者極力抹煞階級性，說什麼「人道主義屬於全人類，沒有階級性」;「民主沒有階級性，沒有東方、西方之分」;「全人類的利益高於一切」等等，有的人則把「黨性」與「人民性」對立起來，說什麼「人民性高於黨性」，使人們淡化階級觀念，喪失必要的警惕性。[61]

人權的概念可以說是反和平演變工作者必須處理的西方核心世界觀之一。大陸學界對人權本質的探討無疑對於思想戰線上的工作者有極為敏感的政治含意。反過來說，思想戰線工作者對於人權觀念的反覆批判勢必也影響到法學界對人權問題探討時的氣氛。法學界人在反和平演變的鬥爭中被點名批判的著名法學家為數不多，于浩成或為其中之一。于浩成過去倡談法治，發揚民主觀念，甚至鼓吹寬鬆，這與當今許多發揚人權說的青年法學家的立場頗為相近，因此法界中人在談人權觀念時多少是冒着政治風險的，而法學界的期刊編輯不定期選編這些作者的文章，無疑也是抱着大擔當的。在中共大力防變下，居然吾人仍能欣賞到反人權說與發揚人權說的並列，確實值得吾人感

---

[61]　華原，《痛史明鑒——資產階級自由化之泛濫及其教訓》(北京: 北京出版社，1991)，頁138。

到佩服。

(五)結　論

　　純粹就法界有關人權之討論進行歸納整理即足以透露出其間活潑的氣氛。官方文件中的看法雖然為大多數的論文忠實反映，仍有相當一部分的學者能在官方建構的學術框架之外作理論探討，誠屬難能可貴。唯尤令吾人注意者，乃是學術討論本身對當前政治所具之含意。如前所述，反和平演變或和平防變的重點工作，即在批判包括西方人權觀在內的民主自由概念，在政界經歷了相當規模的整肅氣氛下，法界對人權的闡述並未因此消弭。直到一九九二年鄧小平南巡打開了新一波的改革道路之前，發揚人權的主張竟仍能不絕如縷，熬過了一九八九年夏至一九九二年春這兩年多的冷峻，使得中共法學界對人權的討論，並未如官方文件與媒體當中呈現出一面倒的現象。

　　這裡首先引人注目者，即政府對學界的控制或影響顯然不是充分的。在官方媒體已取得在人權問題上的一致立場後，並不能進一步完全主導學界對資訊的蒐集、思辯甚或表達。人權爭議的存在，除了有其學術價值外，更是對中國大陸社會勢力獨立於政治之外的可能性，作出了正面的註腳。爭議存在的本身，證實了官方的立場不再是民間的絕對指標，這使得學術上就官方已採的立場進行爭議，不再具有必對或必錯的道德含意，則官方的立場自然也就不再是道德上必對的了。

　　另一方面，正由於官方反人權的立場是如此的鮮明與強烈，學界居然並未一面倒向反人權的現象，反而使得官方立場看來十分突兀。官方反人權觀的宣傳愈大，對於人權問題的爭議便反而愈意味着和平演變的威脅。中共所感受到的威脅可能遠大過對它實際形成的威脅。折

衷說本來大可以成爲官方的立場，即同意集體人權與個體人權的共存性，賦予國際在特定人權問題上有限干涉的權利，如此對於緩和意識型態的鬥爭本當有所助益。但是中共官方在一九八九年民運之後全力反帝的作風，使得法界透露出些許對西方人權觀持肯定態度的聲音時，都變成好像在助漲西方和平演變的攻勢。

　　法界對人權問題不能取得一致的立場，在短期之內固然也就不能成爲官方反和平演變的忠實支持者，但這對長期的政治穩定毋寧是有助益的。中共未來在人權問題上即使將採取較富彈性的立場時，學界也早已存在人權爭議光譜上各種說法，可以立刻爲新的人權立場建立理論上的正當性。換言之，學界出現相對獨立的爭議，從長期的角度來看，增加了官方對和平防變政策設計與構思的彈性。

　　但是，另一方面，法界對人權問題看法不一致難免損害官方反人權立場的信用，使得官方的人權觀從社會內部便發生鬆動。這當然不表示廣大的農民羣衆會因此而習得並實踐西方的人權觀，但起碼爲政府在其行政機構或都市地區宣傳僵化的人權政策時，注入了不確定的因素。官方人權立場一旦從內部鬆動，則更增加中共建立其失去已久的道德號召力的困難 。 官方媒體所宣傳的立場， 反而好像愈加不相干，造成社會對政權的疏離。

　　最後，就法言法， 人權說的主要宗旨， 在闡揚人權主體之爲個人，而非集體。在這一點上似乎反人權說尚未提出足以相抗的有力論點。而衆學說雖然在人權主體問題上爭論不休，但似乎又都同意發展生產力方是提昇中國大陸人權品質的根本之道，這個共通的看法益加增添了反人權說的多餘性。而發展生產力必須容許一部分人先富起來這點，亦使主流的反人權說難以證明個人人權必須是在集體人權獲得保障之後才能獲致。把個體人權當手段，集體人權當成結果似乎比揚

集體，貶個體的說法更符合改革要求中必須讓市場引導企業的主張。由此看來，發揚人權觀的學界勢力雖仍單薄，但長遠地講，他們對改革大潮要求解放生產力方面的貢獻，未必會亞於當前的反人權說。

　　人權問題是社會主義法制改革的重心，因爲過去的階級史觀未能建立一套穩固的法律體系，使得法的正義標準爲何在今天重新受到關注。人權觀從階級以外找尋法的正義標準本來不必與社會主義相牴觸，因爲新標準的對象是濫權的政府，並非社會主義意識型態。一九八九年民運以來，把維持政權與社會主義意識型態之鞏固當作同一件事情來宣傳處理，結果使得人權觀點與依此而導引出的有限政府法治觀看來大逆不道。社會主義意識型態如此被迫與中共政權的信用結合在一起，成爲對抗西方人權觀的重要理論依據，從長遠的角度看，對社會主義重振它作爲獨尊的法正義標準來源，勢將形成不公平的限制作用，使得社會主義與西方人權觀的接合，因政治與人爲的因素，迄今無法被認眞考慮。

八、挑　戰：
一國兩制之基礎

　　根據目前臺灣地區所提出國統綱領之設計，未來中國統一是以「民主、自由、均富的中國」為依歸。唯待討論者在於是否宜將此一目標揭櫫憲法之中，以昭公信，並確實著手規劃研擬憲法增修條款中列入統一條款，師法西德基本法於東、西德統一前之實踐❶。這類統一條款中所指之民主，自係施行於歐美各國良久，但業已為臺灣地區全面接納實行之多黨、定期、一人一票之秘密選舉過程，及透過此一過程建立之代議政府領導體制。這種程序經一國憲法揭櫫之主要宗旨，在將「有限政府」之觀念明示昭告，裨便形成政治規範，以能在觀念與認知上防堵獨裁政權之興，根除其發生之任何合法性說詞，進而能邃保障人權之宗旨，故人權之層次高過憲法，憲法之層次高過政府。與此相同者，統一條款中所指之自由，則指一切能協助自我實現其生活目標之個體發展空間及其保障。此種保障顯然包括了個體私有財產尤指生產工具之佔有與使用權利。故經濟自由之層次亦超過憲法。統一條款中之均富理念，則本於社會一體與人類乃互助而非相互競爭之物種之前提，課政府以義務，根據公平原則，並在民主、自由之條

---

❶　本章所探討之統一條款內容大致為「中華民國政府，應本民主、自由、均富之原則，依據兩岸人民分別之意願表示，從事以發揚中華文化，維護人性尊嚴，保障基本人權，實踐民主法治為宗旨之統一中國事業。」

件下，重新分配私有生產工具所累積之財富，以能維護社會一體。與民主、自由等觀念不同者，均富非憲法以上之概念。憲法乃爲揭櫫民主、自由而發生，但均富則是爲保障憲法之合理運作而存在。故均富乃是憲法創造之政府義務。致憲法之層次在均富理念上，而均富理念則仍在政府運作之上。

在中國大陸主導的法律觀念中則不把自然法之理念置於憲法之上，但憲法仍是政治運作之規範。在中國大陸上，共產黨之專政地位與階級屬性先憲法而存在。依據唯物史觀，法律只能是無產階級專政的工具，故其法學觀念之中只有法之制度而無法之精神。一般憲政國家所謂法治，乃是指憲法所據之自然法原理原則及有限政府之精神；在中國大陸上則談法制而非法治，蓋法治精神對自然法與人權之假定在社會主義唯物邏輯中難以見容。在中共法學觀中，法既是階級鬥爭之產物，則一般所謂法治，其實亦不過是權力鬥爭，故中共法學家通謂之爲資產階級法權。對中共而言，中國大陸的憲法係爲無產階級服務者，共產黨則乃無產階級之代表，故階級在黨之先，黨又在憲法之前。憲法只是一種具有高度工具價值與安定作用之制度，不是自然法與人權精神之體現。中共憲法旨在能以社會主義法制來對抗資產階級法權。法制是黨所御用，黨不受西方憲政規範所抑制，否則便是資本主義法律觀了。當民主、自由、均富只是國統綱領的內容時，中共可以將之理解爲國民黨統治御用之工具，只要國民黨最終能夠接受以社會主義爲主體之一國兩制，國統綱領下之民主、自由未必與一國兩制之主張完全相忤。但當民主、自由之統一目標成爲中華民國政府憲法義務之後，統一之鬥爭更增添了階級鬥爭與反和平演變之色彩。國統綱領之民主、自由雖與憲法統一條款中之民主、自由無本質上之差異，但從前者乃國民黨的鬥爭工具進一步變爲了後者而成資產階級的

鬥爭工具，轉變不可謂小。

在這個背景下，本章所討論者，將以檢視兩岸對統一條款內含之民主、自由與均富原則所可能產生的歧異性為主，從而探討統一條款對臺灣地區之中華民國的兩岸互動立場與原則之影響。本章分為四部分。第一部分由大陸上馬克斯主義當代學說來批判統一條款的民主、自由、均富三原則；第二部分由中共政權之求生存與統治需求來評估統一條款三原則；第三部分由兩岸關係之長遠發展來探討統一條款三原則之功能。最後，提出統一條款三原則對中華民國兩岸政策所具有的作用。

(一)馬列主義邏輯之批判

對於若干中共理論家而言，統一條款中以民主、自由、均富為目標無疑充滿了資產階級色彩。欲了解中共所提「一國兩制」之法哲學意義及與統一條款之接合可能，吾人必先對中共自一九七八年以來再三強調之社會主義民主與社會主義法制作一些粗淺之介紹。首先要着乃是釐清在中共學者評估中的資產階級民主與自由究係何物。

對某些中共學者而言，政治制度之根本乃在保障經濟利益，故在檢視西方民主制度時，特別着重民主之運行在唯物史觀中所扮演的角色❷。許多學者均強調歐美民主制度之前提，是以對人身之保障掩護其階級之本質。比如說，所有歐美之民主均對私有財產權採取近乎絕對的保障❸。所以不論民主政府是由何種政黨執政，均不能推翻私有制之前提。而這種所謂自然法上的人權觀念，所保護的絕非社會上佔

---

❷ 韓振峰，《國情學》（北京：中國國際廣播出版社，1990），頁96。
❸ 汪軍，戴正邦與張堅，《民主政治精神文明》（北京：解放軍出版社，1989），頁15。

最大多數的無產者，故歐美之民主是以人人平等之形式來掩護不平等之事實，此之謂假民主❹。假民主能夠維持長久不墜有其條件。蓋在政治領域中透過一人一票之形式創造了無產階級平等的感覺。然而在實際運作中，無產階級代表在選舉中贏得勝利之可能性近乎沒有。此乃因為無產階級終日為生存忙碌，根本無暇亦無餘力參加選舉。尤有甚者，各國均要求候選人交繳保證金，倘若無法獲取一定比例之票數，則保證金將被沒收，進一步打擊了無產階級參政之意願。事實上，選戰本身耗資極鉅，根本也不是無產階級所能擔負得起，故只能藉投票來參與❺。

　　無產階級有時的確能獲得某種程度的影響力。主要原因在於資產階級內部存在着各種各樣之矛盾。這種矛盾之本質非常複雜，資產階級內部矛盾一旦激化，更使人無法認清民主代議政府之階級本質❻。特定階級中之團體在力求攫取政權的過程中，不得不對無產階級作出某種程度上之讓步，以擊敗其它資產階級團體❼。新的政治勢力雖然可能浮現，但一方面為了追求特定階級利益，另一方面仍得對資產階級整體利益作出維護之努力，顯然不可能對無產階級作出重大讓步。西方新馬學說中，亦有人強調這種必須不斷累積資本，保持一定資本回收率之需要，乃是所有資本主義政府繼續生存之條件❽。即令是勞

---

❹　汪軍等，前引，頁18。

❺　汪軍等，前引，頁19。

❻　劉吉、顧肯榮、周羅庚與孫克勤著，《黨制之爭》（上海：人民出版社，1990），頁63。

❼　Nicos Polantzas, *Political Power and Social Class* (London: New Left Books, 1974), pp.190-191.

❽　Joaquim Hirsch, "The State Apparatus and Social Reproduction: Elements of a Theory of the Bourgeois State," in *State and Capital: A Marxist Debate* (ed.), J. Holloway and Sol Picciotto (London: Edward Arnold, 1978).

工政黨亦認識到這種必須靠資本家再投資才能保障就業，進而保障選票的殘酷邏輯❾。

　　在與工人階級息息相關的經濟生活中，則絲毫看不到民主之平等特質。資本主義之積累衝動創造了機械化大生產過程，勞工在大生產的工作環境中，不可能有實現自我之機會，因為他們並不擁有生產過程，所以也不可能取得與資產階級的平行地位❿。但是政治平等與資產階級人權觀將政治過程之表象予以個人化，透過一人一票之形式與對個人人權之強調，賦予工人與所屬階級分裂的個人參與感，因而混淆了他們的階級意識。此所以資產階級內部之鬥爭對資產階級短期階級利益或許不利，但卻在長程分析中有削弱無產階級凝聚力之效果⓫。特定資產階級集團對無產階級作出的短期讓步，使得以個人身分參與資產階級民主程序之勞工階級對本質上維護剝削階級的資本主義民主制度發生了致命的信任。而資產階級整體則有意識地進行虛張聲勢的鬥爭，並作出空洞的許諾，以轉移人民視線，緩和階級矛盾⓬。

　　在表面制度上設計用來防止濫權之制衡與分權原則其實乃是更高明的防堵無產階級措施。果其然，談三權分立的制衡與中央、地方相持之分權制度學說，確實發軔於美國制憲諸公對暴民可能任意通過法

---

❾　John Keane, "The Legacy of Political Economy: Thinking with and against Claus Offe," *Candanian Journal of Political and Sociological Theory* 2,3(1978): 49–92; Clans Offe, "Structural Problems of the Capitalist State: Class Rule and the Political System, On the Selectiveness of Political Institutions," in *German Political Studies 1* (ed.) Klaus Von Beyme (Beverly Hills, Ca.: Sage, 1974).

❿　張一，《中國社會熱點難點疑點問題分析》（北京: 解放軍出版社，1989），頁243。

⓫　Polantzas, Op. Cit.

⓬　劉吉等，前引，頁12。

律向有產者課稅之恐懼，故而以各種制度設計防止無產者能取得橫跨各邦與行政、立法、司法三權之聯盟⑬。中共學者中對此有特別尖刻之批判，認爲三權制衡從未防止過資產階級發動侵略戰爭，亦未防止過資產階級藉週期性之經濟蕭條淘汰弱者，打擊不合作之本國政府⑭。因此，制衡與分權運作的效果，反而是使資產階級內部矛盾更尖銳但亦更有規律地反應在各制衡機關持久的對抗中。此外，不成熟的資本主義民主制度中不時可看到大陸學者厭惡之惡性傾軋，各種攻詰漫罵與互抓醜聞以致於有採取流氓暴力手段者。尤其令人詬病者，乃是金錢介入政治，政府人事更迭，政局動盪不安，長期地訴諸分贓制度以謀取利益平衡⑮。

一些中共學者進一步地批判多黨制。認爲資產階級多黨制下的各個政黨均是代表資產階級中的局部利益。西方式的政黨活動均圍繞着競選，一切只爲取得執政機會，所以代表不同局部利益之勢力輪流出現，全民利益從來不可能成爲考量或被代表之重點⑯。這種多黨制，正是反映了資本主義社會裏突顯個人地位之人權觀，所以才會發生執政黨只代表局部利益而不代表整體利益之現象。而反對這種形式之政黨均被視爲體系外之非法政黨⑰。故有新馬學者直指資產階級政府乃是透過文化灌輸與法律制裁建構編織之霸權⑱。資產階級自由是只有

---

⑬ The Federalist Papers, in *Classic Readings in American Politics* (eds.) Pietro S. Nivola and David H. Rosenbloom (New York:St. Martin, 1986), pp.29-34.

⑭ 張一，前引，頁229。

⑮ 劉吉等，前引，頁73-81。

⑯ 李青主編，《中國特色的社會主義政黨制度》(北京：中共中央黨校出版社，1991)，頁308-309。

⑰ 張一，前引，頁222-223。

⑱ Antonio Gramsci, *Selections from Prison Notebooks* (New York: International Publishers, 1971), pp. 244-265.

資產階級才有能力享有的那種表面上是人人皆擁有的一種自由; 資產階級民主是只有資產階級內部局部利益才能發生影響的那種表面上人人參與的民主。

　　資產階級的富裕觀點則以「涓流」理論爲重心，辯稱勞工階級之富裕有賴資本家進行再投資之能力與意願，所以資本家能獲利，勞工生活便能受益於其涓流效果而有保障。近年曾風行之供給面經濟學卽乃以此爲根本者。民生主義均富觀點中則有節制私人資本與發達國家資本之主張。然而由於均富理想仍然建立在私有財產基礎上，則均富之達成有國家資本必先發達之條件假設。旣然私有財產制度未經消滅，便恐無法說服中共學者，何以私人資本家所主導的資產階級民主制度，會有意願作出是用來混淆勞工大衆階級意識必要以外之讓步，竟肯壓制私人資本來發達國家資本。因此民生主義均富觀與社會主義裏所謂「走共同富裕的道路」者仍有其先前條件上之重大差異。民生主義中之資本家，仍是藉着慈善捐款與涓流效果在平衡階級利益，是比較傾向於古典自由主義的一種發展哲學。相對而言，社會主義下之大企業，無可避免地仍受無產階級專政黨之控制。

(二)中共統治風格之需求

　　統一條款列入資產階級民主自由觀與社會主義發展之要求恐難在歷史經驗中尋得契合。中共中央電臺在一九九一年最後一季播出〈走向英特那雄奈爾 —— 歷史必由之路〉，經解放軍報連載數日刊出，其要旨之一便在闡明何以中國不能走資本主義道路❶。主要因素乃是中國資產階級太薄弱，無法對抗千年封建勢力。倘若硬要進行資產階級

---

❶　《解放軍報》，1991年9月19日至9月23日。

民主革命，勢必在國內形成官僚資本並引進資本帝國主義。所以在封建、官僚資本與帝國主義三座大山的歷史條件下，中國別無選擇地必須直接進入社會主義階段。若干中共學者指出，中國近代史上並非沒有實行資產階級民主制度之經驗。民國初年之資產階級民主便是受到北洋軍閥所代表之帝國主義，袁世凱與民主黨（所謂立憲派）所代表之封建勢力，共和黨與統一黨所代表之地主買辦階級，加上同盟會此一鬆懈資產階級革命聯盟所共同掣肘。俟同盟會改組之國民黨獲得勝利後，將出任總理之宋教仁被袁世凱暗殺，議會政治或政黨政治便澈底破產，證明資產階級民主在半封建次殖民地是行不通的[20]。根據中共史觀，中國第二次嘗試資產階級民主是一九三八年成立的國民參政會。雖然代表官僚資本與地主階級的國民黨仍佔優勢，但參政會中同時有代表勞動階級，民族資產階級，小資產階級與知識份子的各種黨派，分別提出反帝、反封建、與反專制等資本主義民主觀。但這個看似資產階級民主的黃金時代因反動勢力發動之內戰爆發告終[21]。

多黨議會民主本是設計來代表局部資產階級利益者。一些中共學者認為，中國資產階級本就衰弱，在社會主義革命之後更無崛起之可能，則代表資產階級利益之多黨民主制實亦無存在之必要或可能[22]。統一條款揭舉自由民主觀念是與國統綱領中號召憲政民主有相互契合之效，因而與社會主義民主法制大相逕庭。社會主義由於實行公有制，因此人民內部基本理論上不存在階級矛盾問題。人民內部根本利益是一致的，容或他們在次要問題上仍有一些矛盾[23]。既然根本利益

---

[20] 劉吉等，前引，頁111-113。
[21] 李青，前引，頁97-106。
[22] 劉吉等，前引，頁141。
[23] 王偉光，《經濟利益，政治秩序，社會穩定》（北京：中共中央黨校出版社，1991），頁229。

具有社會普遍性，便沒有理由要求透過選舉過程，定期由不同黨派輪流執政。藉選舉輪流執政之假設，乃在各黨派所代表之利益本不一致。因此主張中共接受多黨議會政治，無疑是假設人民內部之根本經濟利益有不一致，則不啻是意圖以私有制來取代公有制。若說公有制經濟亦可發生利益多元化之現象或許有理，但這並不表示代表不同經濟利益之勢力必須輪流執政，造成誤把非對抗性矛盾的經濟利益關係，當成是對抗性矛盾關係來處理[24]。然則倘使勞動人民根本利益是一致的，便應該反對多黨輪流執政這種突顯局部利益之作法。

　　社會主義民主下政權代表性如何彰顯呢？依照中共學者中的一些理論，這種民主必須具有廣泛性與普遍性。根據統計，像在中共七屆人大代表之組成中，工農代表佔23%，知識份子佔23.4%，幹部代表24.7%，解放軍代表9%，少數民族代表15%，共計二千九百七十名，而其中婦女代表佔21.3%[25]。就像資產階級民主裏不允許挑戰私有財產權觀念，在社會主義民主裏也有四個堅持以保障社會主義與無產階級專政。民主所談者固均係人民作主，但沒有任何一種抽象民主和自由是超階級的[26]。社會主義民主之優越性恰在於它採公有制，因而免除了剝削階級的存在，故階級性之民主在社會主義下幾乎就等於是全民之民主，而在資本主義下最多只是資產階級內的局部利益間之民主。

　　社會主義無產階級全民利益的代表是共產黨。因為社會主義下的其它政黨只能反映多元利益中的一種，此必須靠共產黨來執政之理由[27]。統一條款中要求共產黨隨時依照西方民主方式接受選票檢驗，便

[24]　劉吉等，前引，頁140。
[25]　汪軍等，前引，頁18。
[26]　張一，前引，頁240-242。
[27]　彭承福，《國情國策概論》（重慶：西南師範大學，1990），頁223-224。

混淆了已然存在之全體勞動人民利益，蓋共產黨是工人階級與農民的黨，亦卽全民的黨。更何況中國大陸發展水平低，必須有一個強有力的中心，才能合理配置資源，迅速提高現代化程度[28]。這個黨自然是全民黨，亦卽無產階級政黨，而且這種黨不能有兩個，否則便分裂了全民利益。尤有甚者，無產階級全民政黨還擔負着領導、調節和仲裁各利益集團無法解決的紛爭之責[29]。共產黨正是爲了貫徹社會主義民主而採行民主集中制，卽「個人服從組織，少數服從多數，下級服從上級，全黨服從中央」[30]。民主之要求不是先靠選票之週期驗證與再靠在其它時間對政府放任來完成，而是在所有重大決策前廣泛地聽取各方面的意見，改進工作，防止失誤。倘若不如此，共產黨便無法扮演好它的角色[31]。

中共實行社會主義民主之目的也與統一條款鼓勵之自由與隱含的人權觀迴異。社會主義民主旨在調節人民內部之矛盾，尤其是個人、集體、與國家之間的矛盾。人民內部之主要矛盾是領導者與羣衆的矛盾[32]，但這個矛盾是非對抗性之矛盾。在資本主義社會裏，主要矛盾是對抗性之矛盾，亦卽爭取生產資料之佔有與使用權，故有以個體爲單位之民主、自由、均富觀。在社會主義裏，主要矛盾是分配之矛盾，是誰應先得、多得才有利於整體生產力最早解放之矛盾[33]。社會主義所遭遇的對抗性敵我矛盾，多是來自社會以外之帝國主義，殘餘

---

[28]　彭承福，前引，頁221-222。

[29]　劉吉等，前引，頁142。

[30]　中共中央書記處，《堅持四項基本原則，反對資產階級自由化》（北京：人民出版社，1987），頁70。

[31]　李靑，前引，頁221-228。

[32]　王偉光，前引，頁204-205。

[33]　王偉光，前引，頁221。

封建勢力,與港臺澳資本階級。但後者之中的愛國民族資產家則不具有對抗矛盾性㉞。因是之故,社會主義民主必須與人民民主專政並行。民主之對象是勞動人民,專政之對象則是階級敵人,前者旨在調和人民內部之矛盾,後者要消滅來自外部之矛盾因素㉟。

實行社會主義民主的第二個宗旨是要克服官僚主義,調動個體積極性。中共學者明白指出,中國大陸民主形式尚不完備,甚至尚不如實行資產階級民主之國家,以致於人民雖享有更高程度之實質民主,卻因為官僚主義盛行,缺乏民主之文化傳統,所以沒有能透過有效參與之方式,積極加入社會化大生產之行列㊱。不按照民主方式辦事,甚至會使人民內部之矛盾激化。既然民主有創造參與感作用,民主本身便可以成為一個目的。

由於民主與專政之結合,共產黨不可避免地也會犯錯。幾位中共學者指出,文化大革命就是搞「大民主」導致的危害,林彪則犯了一味強調專政之錯誤㊲。為了防止共產黨專政會犯錯誤,中共理論界提出幾種辦法。首先,中共必須屬行黨政分開,黨只負責大的政治方向與重大決策。如此,黨不會因為站到行政第一線,竟與人民發生非對抗性之矛盾,如此必失其信用,也失去仲裁者之立場。其次,中共必須下放權力,容許地方黨部與地方政府有更大空間。第三,中共應該建立多種型態之協商對話,經多種管道了解民意。第四,中共應當屬行多黨制民主,對中共進行監督提出批評。如此不斷提醒中共去完善它作為一個全民政黨之責任。最後,它應當屬行社會主義法制,一切依

㉞　高光,李眞,馬鳴與王昌遠,《中國社會主義初級階段階級結構研究》(北京: 中共中央黨校出版社,1988),頁206。

㉟　汪軍等,前引,頁43-44。

㊱　張一,前引,頁226。

㊲　汪軍等,前引,頁42,44。

法行事❸。

　　社會主義法制此一出發點正反映了社會主義民主觀之迥異特質。因爲社會主義法制所要求的，乃是政府依據共產黨制定之法律來行事，是黨用來指導與監督政府之依據。若依統一條款裏之民主觀，吾人恐將質詢何人可監督共產黨一類之不相干問題。共產黨既然代表全體勞動人民之利益，便不發生對黨本身之監督問題（黨應自我監督），只有黨的決策是否被妥善執行之監督問題❸。共產黨以法制爲工具固然是避免人民無所憑藉而助漲官僚主義，但更是藉由法制之工具推行一些具有高度彈性的政策，以便鼓勵人民從事根據過去原本在意識型態上解釋不圓熟之活動。比如當前符合法令而出現之私營經濟不再視爲是腐朽的資本主義殘餘在復甦❹。正因爲私營經濟受法令約束，所以中共於依法行事之同時可以保持其社會主義爲主體之主張。倘若法在黨之上，則依法而派生的資產階級力量，豈不也不受無產階級政黨之制約了嗎？正由於社會主義法制觀此一高度工具性傾向，故而中共可保有整體與長期之控制主導權。

　　所以社會主義法制之對象，不完全只是打擊階級敵人，也是要處理改革當中出現之種種複雜現象。不同於憲政主義民主法治觀最重要的一點，是社會主義法制之內容，是由黨憑藉主觀意志在配合時代需要下進行變革，不需要透過西方法治所謂的適當程序，蓋社會主義國家不必藉此來防堵無產階級之加入，反而是積極聽取他們的意見。社會主義法制所賦予之各種財產權利因而是可以收回的。但共產黨既非

---

❸　王偉光，前引，頁230。

❸　黨的監督是黨內問題而不是黨外的問題。有關共黨地位的討論，見王瑞璞，崔自鐸，《社會主義初級階段黨的基本路線概論》（北京：中共中央黨校出版社，1991），頁182-187。

❹　王偉光，前引，頁199。

資產階級代表，收回權利自然不可能是純為私利。雖然黨與少數人民因而會在特定問題上有矛盾，但總的而言，少數人民是全民之一部分，故與黨沒有真正的矛盾❹。黨內決策過程為求其民主，因而應該公開化、透明化，接受各黨與各種媒體之輿論監督❷。此種監督是社會主義法制之基本精神與前提，就像政府權力受限制是資本主義法治精神者無甚差異。社會主義法制在改革開放中不可以只講集中不講民主。這是社會主義理論家口中之法制規範，有在道德上不可逾越的神聖性。非如此，共產黨專政失去實踐上之憑藉。

　　正是基於這種法制觀點，中共提出了社會主義為主體之一國兩制與中華民國提出之國統綱領相對立。一國兩制主張位屬地方政府的臺灣成為超級特區，保有資本主義制度。一國兩制的施行透過憲法之保障，對各級政府有最高拘束力❹。身為無產階級代表之中共則待五十年後再行判斷是否兩制下生產力已趨同，從而再取消臺灣之資本主義。由於一國兩制是中共允許者，故必須為無產階級社會所遵行。統一之後的中國政府，允許國民黨加入中共多黨協商體制。事實上，中共鼓吹多黨制的重要理由之一，正是想藉多黨制之中許多與國民黨有宿交之政治人物對國民黨拉攏進行愛國統一戰線工作❹。統一條款之民主觀則鼓勵人民對中共採取資本主義社會中想當然耳的不信任態度，以之為一政治力必當限制以符法治精神。一國兩制下之多黨體制則把國民黨當作多黨中之一員，可以與共黨協商並進行輿論監督，其地位受憲法保障。唯受監督之中共執政地位則理在憲法之上，故兼顧

---

❹　王偉光，前引，頁229。
❷　張一，前引，頁230。
❸　彭承福，前引，頁252; 高光等著，前引，頁202。
❹　劉吉等，前引，頁177-178，頁191。

了原則性與靈活性⑤。

因此，一國兩制是中共透過主觀自覺而得出之思想指導。在一國兩制實行之前，大陸與臺灣的鬥爭是全國各族人民與反對祖國統一的反動勢力之階級鬥爭。拒絕與社會主義主體和平共存於社會主義法制之下突顯了臺灣地區資產階級特性，以及與破壞現代化，進行和平演變帝國主義力量之一致，因而是屬於敵我之對抗性矛盾⑥。唯一旦統一在一國兩制之下，則勞動人民與愛國資本家之矛盾，其本質並無異於勞動人民與私營經濟者之間之矛盾，是中共透過社會主義法制所特許的，也可以控制主導的，故不僅屬於人民內部非對抗性之矛盾且對社會主義具有補充性⑦。矛盾之解決則可俟大陸發展起來，便可逐漸合理解決。照統一條款之民主、自由理念，則統一意謂著社會主義主體性正在消失，全民利益一致性瓦解，共產黨專政權之超憲法特殊性遭否定，公有制與私有制並存且無一定主導權歸屬，則統一一徒是和平演變，亦是無產階級放棄專政接納階級敵人之投降行為。

(三)兩岸關係發展之影響

雖然統一條款與一國兩制於哲學出發點截然不同，前者要規範政治力，約束政黨而後者力求全民利益之持續表達與輿論監督，然而在指導兩岸關係發展之事務性層面與技術性制度安排時，未始不能找到可為兩種哲學觀同時接受之互動方式與處事原則。兩岸交流所可能導致的這種暫時性行為合致會起兩種相互辯證之作用。一種作用是誤導

---

⑤ 顧培根，嚴永龍與崔俊峰，《國情與道路》（北京：解放軍出版社，1989)，頁142。

⑥ 王偉光，前引，頁201-202。

⑦ 高光等，前引，頁203。

兩岸對交流意義產生不切實際之過高評價，以爲行爲合致係已彰顯己方之法律哲學，從而使得在未來繼續交往過程中或將因爲期望無法滿足產生沮喪，受欺感覺。故短期之行爲合致與便宜措施有造成長期衝突昇高之作用。但在另一方面短期行爲合致倘使有良好合作互利效果，亦有可能使得兩岸認識到原型純淨之法哲學不具備現實性，因而有意願嘗試原本教條觀所不能接納之制度安排。這兩種作用孰強孰弱部分決定了兩岸互動在未來發展會是良性抑或惡性。

　　社會主義民主與中華民國代議民主之接合可能事實存在。社會主義社會接受代議民主並不見得違反勞動階級利益。在中國大陸企業中卽容許職工大會代表就有關勞動階級利益分享方面之各種決定，行使發言權與同意權。儘管職工代表常係由工廠幹部擔任，但正如社會主義理論家所辯稱，幹部並不是擁有工廠之壟斷階級，所以不可能是站在與勞動階級對抗的立場上對廠的投資與分紅政策進行監督❹。中共學者反對的是那種多黨輪流執政的代議民主。故中共亦有人民代表大會，也組織多黨政治協商，以聽取意見和輿論監督來行使民主。工人民主與勞動階級民主的觀念不僅在歐洲社會民主政黨身上明顯可見，且與民生主義強調之合作精神相容。所不同者，在臺灣勞動階級必須與資產階級並存於中共所謂的資產階級民主制度中。由於勞動階級民主權利獲得保障，使得勞動階級可以合法爭取符合社會主義之各種重分配。歐洲經驗顯示工人民主之觀念的確可以成爲合乎公平感之政治號召，儘管彼在實踐上距離中共學者期待之生產資料公有化尙有相當距離。

---

❹　石之瑜，＜廠長負責制下的職工文化——田野研究調查報告＞，《共黨問題研究》，（1991年12月）。

　　無論如何，透過代議民主對政府進行監督則是兩岸政治體制改革可以共享之特點。在中國大陸，此一改革是由共產黨根據黨內自我批判與多黨監督意見來改革政府；在中華民國則是由人民選取新政府來取代不符民意之現行政府。兩者在實際運作上固皆未臻理想原型狀態，但在概念上，雙方社會中勢力透過某種型態之代議監督影響對方決策之事已屢見不鮮。強化代議士功能恰巧同是兩岸政治改革之重心。至於政黨是否可以更迭執政之爭論，除了雙方法治精神與法制方式之哲學歧異外，當然也牽涉到實際權力分配與既得利益問題。此一爭論恐在未來交往過程中成為臺灣和平演變中國大陸與大陸爭取壓迫臺灣回歸兩種勢力之對抗。此種對抗是否能夠受到規範或限制要看以下幾個因素。

　　假設中共社會主義民主與中華民國憲政主義民主各自不變，兩岸苟欲將對抗淡化首先必須賴雙方代議制度之完善。中華民國政府合法性受代議士影響厥大，故受中共影響機會亦大，考量中共作法與態度因而調整自己之可能自然亦高。中共合法性則比較不受代議監督立即影響，但受它作為全民利益代表形象被接受之程度影響較大，因而或亦有意願作出若干調整以符合中共可代表臺灣勞動階級之自我形象。第二個限制衝突的民主條件，即交流互動中雙方參予之社會勢力有意願也有能力透過對方制度對彼此影響。比如臺灣的民間力量可因而進入中共之多種 政治協商管道， 傳達臺灣社會不同風貌的 各種政治訊息。理想型態中代議民主所可能形成之相互協調因而有利於孤立雙方法律哲學上之差異所造成之負面影響。

　　社會主義法制與憲政主義法治精神之接合點，在於政府依法行事的共通主張。在實踐上，共產黨雖應遵行憲法，但是否得自行修憲或適時接納善意修改憲法是規範價值上的問題，也是權力問題。如果中

共欲自行審度時代需要變更重大議題上之法制原則時，比如提出一國兩制或多種所有制並存等指導概念，必須要獲得代議士事先之同意，則社會主義法制中之均衡機制便可部分近似於憲政主義之權力均衡原則，也與民權主義中政府有能人民有權之概念不無契合之處。所以社會主義法制能否爲憲政主義者接納關鍵之一，則在於代議士能否有效牽制永久執政之共產黨爲惡❹。故中共學者中亦有力主差額選舉，強化人代會代表性與功能者❺。唯實踐上，主張多黨制如王若望者與權力制衡如方勵之者均未能獲得中共接納，卽令走體制內改革與力行輿論監督如劉賓雁者亦未能洗刷資產階級自由化罪名。足見代議制度是否能完善要仰賴專政共黨的相當大的，自覺的自我抑制。則社會主義法制是否能取得先天上根本不信任政府的憲政主義者之信任，實難逆料。蓋政府既難爲人信任，則政府之上的共產黨要取得信任倍加困難。統一條款將民主原則納入，同時突顯了完善社會主義法制下多黨代議制之迫切需要與偏限。

　　社會主義民主法制雖然不保障爲鞏固資產階級私有財產的所謂天賦人權，但仍須全力保證民主集中制之貫徹。所謂具有中國特色的社會主義政治制度首應認清十一億人求發展必須著重安定團結，故特別透過制度來鼓勵改革開放，甚至設計一國兩制，照顧港澳臺人民基本利益，維持現狀安定❺。這種一定程度上以人爲主之人本主義思考模式並未脫離中國千年以來之愛民思想❺，與憲政主義人權觀強調人性自主雖不盡相同，唯以人爲依歸之人文色彩均多少存在於兩者之中。

---

❹　李靑，前引，頁293-294。
❺　李靑，前引，頁234；汪軍等，前引，頁94。
❺　高光等，前引，頁194-196。
❺　時光，＜人文主義，人本主義及人道主義辨正＞，《求索》6 期(1986)。

人權觀念在一定程度上以犧牲安定團結來防止人本主義之弊端。質言之，即人本主義無防止專權濫權與封建復辟之機制，致共產黨之內部腐化須藉自我批判之機制來封鎖❸。中華文化與憲政主義在臺灣的融合過程中，也發生了所謂競爭制衡與和諧安定之矛盾。但由於受民權主義以政府有能為其重要號召之影響，中華民國憲政發展迄未形成以箝制政府職能為主流之憲政思潮。是以人權之強調不必以否定政府功能為出發點，此點在臺灣已有若干年之實踐經驗。被中華文化如此同化的這種人本主義民主憲政觀，與強調人民基本利益的人本社會主義民主法制亦有了一個文化上之接合點。基本差異乃在於是誰在決定何為人民之基本利益。在此，討論又不得不回到代議監督制度上。只有完善之代議監督，才能保證憲政法治之人民利益也可以透過社會主義民主法制具體化。

文化上人本主義之突顯，在兩岸交流大興之後因既得利益團體為保障各自局部利益反而更加可能。以人民文化、經濟利益為主要內容之交流互動，成為目前必須決定兩岸人民利益到底何在的新刺激因素。這種雙方共同強調人民利益的基本出發點，導自於文化上人本主義之共識，也使得兩岸從事制度競爭以驗證自己才是人民利益代表的賽局變得是文化上有意義之活動。交流一方面有突出雙方共同文化關注之作用，另一方面則有彰顯雙方法理哲學與意識型態差異之功能。但正由於文化上之共同關注，使得制度與法理之競爭有了政治合法性上之高度敏感含意，統一條款不過是將這個含意具像而已。

另一個與文化含意密切相關的問題是民族主義問題。統一條款之目的與條件對中共勢必夾雜有不同之含意。正面之意義在於統一中國

---

❸ 姜建强，〈馬克斯主義中國化的五大失真〉，《社會科學報》，1988年7月14日。

係合乎中共民族主義之立場，但資產階級民主、自由、均富三條件，以及透過公民表決來決定統一時機之作法則又隱含了分離之機制，是為負面意義。透過資產階級民主形式來決定何為臺灣地區民眾接納統一時機不啻是資本帝國主義和平演變之陰謀體現，因為此地不論是過程或結果都酷似帝國主義藉資產階級自由化分裂中國之策略。所以中共對統一條款中統一目的所採之正面評價，不僅是有條件的，而且是被強迫的。中共無法完全拒斥統一條款乃恐怕因而給予臺灣從事獨立運動之刺激。但它根本也無法接納統一條款，因為這意味著拋棄社會主義法制與為其後援之無產階級專政。所以，基於中共之意識型態，既得利益與對特定統一模式之偏好，它將不得不批判統一條款；但基於統一目的之維持，和兩岸繼續間接對話之話題，它又不能完全否定統一條款。為了民族主義與社會主義虛矯號召之表像而勉強與資產階級進行不投機之對話，其心情不難體會。

最能銜接一國兩制與統一條款的部分乃是後者對均富之強調。均富雖然是在私有財產制前提下提出之國家發展目標，然而倘能假公權力來經營壟斷性資本企業，並對發達之私人資本累進課稅以進行財富重分配，無疑是朝向社會主義社會之一大進步，前曾述及社會主義所強調之共同富裕觀未嘗不是遵循同一路線在思考。尤其是均富之推行，多少依賴勞動階級取得代議監督機構中之實質權力，因而與社會主義下的人代會扮演雷同之角色。然而值得議論者，乃當前中共對境內合資企業採取給予特權之不同管理方式，如不設黨辦公室，職工大會也未見強調，一切只為引進科技，累積資本。長遠而言，這種分離之管理方式阻礙了臺資企業對共同富裕觀念產生尊重，也助長彼等資產階級之色彩，使之成為兩岸均不能節制之真正小資產階級代表。簡言之，合資企業與臺資企業未能成為銜接共同富裕與均富觀念之橋

樑，反而阻礙了兩套觀念之辯證。對於合法臺資，中共或視之爲愛國本土資本家，從而忽略了彼等對其它中國人之社會主義義務，故反而是鼓勵彼等回到臺灣內部繼續反社會主義的私人資本累積行爲。對於唯一能調和兩岸，銜接彼此之均富理念有陰晦不顯之作用，也爲將來統合臺資企業設下意識型態上之障礙。

總之，要在實踐層面上尋找一國兩制與統一條款的接合雖不容易，但亦非不可能。主要銜接點在統一條款與其民主、自由、均富三條件隱含了對勞動階級代議民主之同情，追求政府有能之心理趨向，人本主義之文化相合致，民族主義大前提之保留以及社會主義走共同富裕道路之原則肯定。但對這些接合點之過度渲染，亦將混淆兩岸政權合法性分別所在之社會主義法制與憲政主義法治觀，原本非任何一方可能輕易彈性修正者。相反地，刻意突顯意識型態之差異，反而有助於各自立場在內部之表達與合法性之鞏固。這種矛盾當是國統綱領與統一條款必須面對之政治限制。

(四)統一條款行憲之評估

將民主、自由、均富列入憲法統一條款顯然對兩岸關係之發展不具有立卽，現實之影響。事實上，統一條款亦非爲促進統一而設，只是在昭示統一之長程條件而已，至於該條件是否成熟，則是政治體在每一時期需作之智慧判斷。所以，中共對統一條款所作之正負面評價也勿須成爲統一條款是否應列入修憲議程之考量標準。如前所述，由於兩岸法律哲學出發點之根本歧異，中共本也不可能對統一條款所設統一條件作出正面評價。而倘若中華民國所設之某種統一條款竟能在現階段爲中共所接受，則該條款之內容勢必與中華民國立國精神年來之發展有所牴觸，則該統一條款顯然不能符合憲政主義之精神。故統

一條款是否爲中共之一國兩制體系所容納，完全不宜成爲統一條款適宜性之評估。

然而，即令統一條款不會構成臺灣地區民衆在與大陸交流時之誘因或桎梏，但中共是否會因統一條款之出現而刻意淡化兩岸關係，從而損及人民因交流而所能獲致之潛在利益呢？在某種程度上，因爲民主、自由、均富具有濃厚之資產階級色彩，統一條款引起中共對和平演變之更深警惕或有可能。然而，這種警惕固可能帶來恐懼而阻礙交流，唯亦有促使中共認知統一之遙遠性而敦促其加速交流，期能以經濟促政治。臺北學界官方迭聞有以交流促變之觀點解釋國統綱領者⑭，但不論國統綱領或統一條款，皆未賦予政府任何新的行政手段來御用民間資源遂其促變之政治期望，故交流促變始終停留在期望與臆測之階段。統一條款既不可能成爲和平演變之工具，則中共對該條款之反感與厭惡亦不致於導致兩岸交流之長期僵化。

統一條款既然不是和平演變之工具，亦非爲懷柔中共而作，則統一條款是否以現狀爲安，劃地自限作爲眞正宗旨，而有形成獨臺事實之傾向呢？統一條款設立三項困難的統一條件，的確對當前立即統一之任何舉動設下障礙。唯民主、自由、與均富乃是具有高度積極性之價值。吾人斷難相信民主、自由均富之永恒價值而又同時拒絕關懷大陸人民享受此等價值之權利。倘若統一條款旨在劃地自限，則無揭舉憲政主義此等跨國界、跨疆域之規範之必要。倘若吾人只關切臺灣地區之民主價值而不關切大陸地區之民主價值，則吾人眞正關切者，顯非民主價值而係臺灣地區之地域觀念在起作用，則吾人自無再彰顯民主價值之需要。

---

⑭　明居正，〈中國統一的理論建構: 國家統一綱領的背景及理論意涵〉，兩岸關係與中國前途研討會，1991年11月10日，臺北。

則統一條款對兩岸關係之真正意義究為何？談統一之論者多以臺灣與大陸為統一之兩個單位，而鮮有考慮到統一乃指涉兩種價值規範體系之趨同者。而中共學者在談一國兩制時，固然認知到兩種生產關係之存在，但在談統一時則假設兩種生產關係可分別維持現狀，而先將兩個區域統一於一種政府體制裏，即兩岸是否處於不同生產關係中與統一無涉，故亦未超越地域觀念裏之統一。國統綱領與統一條款則將統一之意義，從一種狹隘之空間觀念，提昇到規範價值之層次。此統一條款對民主、自由、均富之標榜，有釐清中華民國立國精神之作用，亦有提醒兩岸人民，統一之最終目標乃在獲致最能彰顯人道精神之價值規範，而不論其地域標籤為何。正是這種與無產階級專政迥異之價值體系，使得中華民國對統一之追求變得有意義，也使得統一之意義不必在地域或是名義層面打轉。

故統一條款列入修憲議程之積極意義，在於它告知中華民國國民彼等國家生存之意義，在能將人道精神與人道尊嚴之價值規範體系，傳播於包括大陸地區在內之世界各角落。僅是因為文化同質與地理相鄰，即足以使吾人對大陸地區民主、自由與均富觀念之傳播格外具有責任。倘若民主、自由、均富是吾人所認同，則統一條款將此一認同，藉著與大陸社會主義法制觀之對比並列而極度清晰化。若此一價值規範上之歧異果能獲致統合，則地域之間是否統一於相同之國號下或同一中央政府體制下，反倒是次要問題了。

統一條款因而是吾人對自己的一種挑戰。接受此一挑戰之政治家，務必協助國人將統一之層面，從地域觀提昇到價值規範上，從認清自己之文化屬性去關切同一文化下人們人道價值之發揚，真誠地協助兩岸作觀念之思辯。尤其重要者，乃此岸政治家們務必反躬自省，隨時謹記來自社會主義之批判，戮力將勞動階級公平地容納於均富機制中，

主動自覺地鞏固勞動階級代表在代議制度中之監督地位，贏取社會主義下勞動階級之信任以能引介憲政主義法治精神與人權理念。如此，社會主義法制觀與憲政主義法治精神不必截然兩分，相互否定，從而容許辯證過程之發生。執此，統一條款之重點當在統一條件之設定，而非統一目的之戲劇化；統一條款之正負面評估，端賴人道精神之彰顯與關懷胸襟之寬遠，而非政治自保與偏安自限之能力。

肆

總 結 經 驗

九、結　論:
法制改革之癥結

　　中國特色的法制建設過程無疑是曲折的，正應和了馬克斯世界觀當中一項方法哲學，卽歷史之演進乃循着辯證的途徑。然而傳統的中國哲學中，並不缺乏辯證的因子，道家的陰陽調合說顯然就認知了宇宙間相衝突的力量，其實是大同一統之基礎。傳統的思辯程序，亦特別重視和諧的維持。法制建設工作果期然包含了一連串辯證的因子，但中國特色的處理之道，天性使然地廻避了衝突排斥的風格。就連衷情於不斷革命，對矛盾關係極度敏感的毛澤東，談到法制建設的理想，竟不脫離調合。質言之，就是「又有民主又有集中，又有紀律又有自由，又有統一意志又有個人心情舒暢，生動活潑，那一種政治局面」❶。

　　中國特色的法制建設理論包含至少七對辯證因子: 個體與集體的矛盾，權利與義務的矛盾，監督與效能的矛盾，法治與法制的矛盾，未來與歷史的矛盾，姓資與姓社的矛盾，中國與西方的矛盾。嚴格說來，這七對辯證因子在本質上反映了第一種矛盾，只不過是七個不同面向，分別代表了對社會的、法律的、制度的、政治的、演化的、意理

❶　彭眞引毛澤東的話於＜實現四化一定要有一個生動活潑、安定團結的政治局面＞，輯於，彭眞，《論新時期的社會主義民主與法制建設》（北京: 中央文獻出版社，1991），頁31。

的，與文化的關切。最中國的作法，當然是像毛澤東說的一樣，給予個體自由活動的空間，賦予他們貢獻於集體的義務，從而使得個體不能脫離集體，所有具有意義的活動都必須在集體的範圍與前提下進行，但沒有任何個體能以集體名義賦予其它個體義務，因而保證了個體的活潑性。個體提供的是能動性，法律切忌限制；集體提供的是主觀的價值標準，法律必須保障。集體的價值標準是個體活動聯合創造的效果，個體活動的長遠動機則仰賴對集體貢獻的參與感來維持。

權利與義務之爭則是從法的設計上重複了個體與集體的辯證。權利是個體活動的法基礎，義務則防止個人權利形成他人權利之侵犯。同樣地，廉政監督是在制度上來限制政府濫權，而效能要求容許集體的關切有制度性的管道來表達；法治原則說明了集體行動必須遵循的規範，法制原則乃界定了個體行動賴以互動的程序；歷史的實際要求個體對過去的集體成就尊重總結，未來的開拓得仰賴個體從事創造性發揮；資本主義邏輯鼓勵財產權的保障使個體有充分的誘因發展生產力，社會主義邏輯強調個體之間財富分配的公平需要以容納每一個個體均能享有相當的誘因刺激，參與生產；最後，西方文化的引入使得個人權利的提出具有道德上的正當性，而中國文化的傳承提醒個人有體受自己歸屬於大集體的情感與勇氣。

中國特色的法制建設從調和矛盾的努力中出發，但是未必法制建設的道路就真能滿足中國特色的期待。大陸法學界在前述七對辯證因子方面的辯論盈庭，站在中庸立場的力量並不明顯。事實上在改革中所有學界的辯論都反映出了同一種掙扎，並非只是法學界獨有的現象。從西方資本主義發展的過程看來，個體的角色終將在下一個歷史階段突出，然而從東方市場經濟的演化看來，集體性的價值觀仍在日本、臺灣的法制建設中反映出來。但毛澤東一度企圖希望改變中國式

的騎牆中庸作風，而主張執兩用中的精義，不在尋求兩股勢力的調和，而在於掌握事物的本質之後，反對過與不及的兩端❷。所以由中庸力量的微弱，與毛澤東反中庸的態度，使中國特色式的法制建設出路仍然是模糊的。

所謂中國特色，從本質觀察，當然指的是社會主義初級階段裏，人口多、底子薄的中國大陸必須以發展生產力為主。正如前述，法制建設如何能完成這種哲學定位的歷史性階段任務並不清晰。中國特色的說法，或許正是要彰顯這種現象。畢竟，沒有那一種單純的法理哲學在指導法制建設的工作。也許，真正中國特色的法制建設，一言以蔽之，只是一種「摸著石頭過河」的精神展示罷。法制建設的成功，最終依賴的，因而不是固定不變的模式，而是勤於嘗試，勇於改過的信心。中共在〈關於建國以來黨的若干歷史問題的決議〉一段話，是本書最佳的結論:

> ……敢於正視和糾正自己的錯誤，有決心有能力防止重犯過去那樣嚴重的錯誤。從歷史發展的長遠觀點看問題……錯誤和挫折終究只是一時的現象，而我們黨和人民由此得到的鍛鍊，我們黨經過長期鬥爭形成的骨幹隊伍的更加成熟，我國社會主義制度優越性的更加顯著，要求祖國興盛起來的黨心、軍心、民心的更加奮發，則是長遠起作用的決定性的因素。
> ……只要全黨緊密地團結一致，並且同人民群眾緊密的團結一致，那麼，我們黨和黨所領導的社會主義事業雖然還會遇到這

---

❷　侯憲林，〈毛澤東對中庸思想的批判與繼承〉，《齊魯學刊》，4，1987。

樣那樣的困難，但總的趨勢必然會日益興盛發達。❸

❸ 中共中央書記處研究室與中共中央文獻研究室編，《堅持四項基本原則，反對資產階級自由化──十一屆三中全會以來有關重要文獻摘編》（北京：人民出版社，1987），頁152。

附錄:

「分裂主權理論」之反思[*]

(一) 分裂主權理論之主張

「分裂主權說」是當前臺北官學兩界用來詮釋兩岸關係的顯學之一, 其主要目的, 是能在兩岸各自存在了四十餘年的狀況下, 爲中華民國找尋一個可以不依附於大陸而獨自存在的法理依據, 並進而爲用以說服中共接納此岸早已獨立的事實[❶]。分裂主權說的特色, 在於它能以不排除未來統一可能之形式, 認知了中國已然分裂之現狀, 而它的挑戰, 則在於用了「主權」這樣的虛擬觀點, 使這種理論變得可以人云亦云地被詮釋, 因此對於「中國」之含意爲何的問題, 反而更難回答。

所謂分裂主權說, 是指中國的主權雖然只有一個, 但是因爲實際行使統治管轄的卻有兩個政府, 因此中國的主權由兩個政府分別在自己統治的範圍內行使管轄, 兩個政府因此在自己的管轄範圍內分別擁有主權, 平等相對, 但他們彼此同意未來分裂的主權可以統一, 因此兩者之間又不純粹是外交關係[❷]。在中國問題上, 反映分裂主權說的

---

* 李念祖、高朗、徐振國、姚立明曾就本附錄之思緒給予批判指引, 特此致謝, 唯文責概由作者承擔。
❶ 洪丁福, ＜德國統一模式可行嗎？＞, 《政治評論》, 594:18(1992 年6月)。
❷ 關於分裂主權實踐之介紹, 見郭石城等著, 《統一前東、西德交流之研究》(臺北: 行政院研究發展考核委員會, 1990年10月)。

主張有許多，如一族兩國，一國兩府，一中兩國，一國兩治等等不一而足❸。

主權其實是思辯家虛擬出來的一個觀念，用以說明行使完整政治控制的正當性。若沒有完整的政治控制，也就沒有主權。所以，在理論上，完整的政治控制是不能分裂的，完整和分裂是矛盾的概念❹。對於一個失去了領土控制權的國家而言，它對失土的主權主張，則只是宣告收復失土之決心，並非表示它對失土可以行使主權。故在歷史現實中，國家一向反對主權分裂，因而才不放棄對失土主張收復，鮮有能作到一面自動放棄對失土的管轄權，一面還宣稱享有該失土之主權者，蓋主權之發生不能透過放棄管轄而完成。

（二）分裂主權理論之質疑

臺北倘若主張分裂主權，雖然會與理論不合，於歷史實踐相違，是不是仍可以藉主權觀念的模糊性，發展出某種突破創新之論呢？換言之，過去國家雖然主張收復失土，反對分裂主權，但現在國家是否可以放棄對失土收復之主張，從而證實了主權已然分裂的狀況呢？這裡要處理的法理與現實問題有三：

1. 放棄對失土的管轄權不只是代表主權分裂，而是代表承認根本沒有主權，既然在法上承認分裂，如何又能在法上同時主張擁

---

❸ 各種主張之陳列，見宋國誠，＜中華民國大陸政策與中共對臺政策的比較評估＞，兩岸關係與中國前途研討會，1990年11月9日，臺北；又見＜近年來我國朝野對於兩岸統一模式之重要發言＞，《聯合報》，1990年2月11日，頁8。

❹ 參見 Thomas Hobbes, *Leviathan* (Oxford: Basil Blackwell, 1955); Jean-Jacqes Rousseau, *The Social Contract* (N. Y.: Putton, 1950), Book I.

有主權？

2.分裂說雖然承認中共在大陸有管轄權，但主權說之旨仍在最終要消滅中共的管轄，故中共斷難在法理上接受分裂主權說。

3.倘被放棄管轄的領土拒絕被放棄，則分裂的法理基礎就不存在了❺，否則分裂若變成是單方片面行為，則世上無處不分裂。

（三）德國之分裂主權理論

德國怎麼做的？德國的分裂主權說是用來說明，何以德國分裂了之後又再統一的過程並無害於德國主權曾持續而完整的存在著。換言之，德國的分裂主權說重主權而輕分裂。統一後之德國要在法理上證明德國一直存在著，所以是要掩飾曾經分裂之事實，故為事後說詞。德國明明分裂過了，但卻在事後硬說沒有真的分裂，用這種講法，來表示德國主權的歷史延續。

許多臺北的策士把德國在統一後拿來圓說自己不曾真正分裂過的理論，用以來主張臺北和北京可以一面分裂，一面號稱一個中國主權猶存。臺北輿論界鍾愛的分裂主權說，是用主權來給分裂現狀的持續一個法理基礎，德國的分裂主權說是用歷史來說明分裂無害於主權，即用後來主權又被重建的歷史來淡化曾經分裂的事實。臺北的創見，在於它將德國的分裂主權說從統一之後才又重提，變成處於分裂的時候就已在提倡，從維護主權意識到維護分裂現狀。德國式的分裂主權說是歷史的巧合，臺北式的分裂主權說則是歷史的舵手。

德國的分裂主權說是事後說詞的最明顯表徵，正在於德國說是一

---

❺　李念祖，＜美國憲法＞，輯於石之瑜、李念祖與姚立明，《中華民國憲法與立國精神》（臺北：理論與政策，將出版），實際案例，見 Texas Vs. White 74 us（7 Wall. 700）1869。

種歷史學說，它是在分裂狀態結束後提出的。德國歷史的發展，使分裂說完全不具有鼓勵分裂的效果。在德國說裡，分裂的起點、過程與終點都有學術上的論證，而這些論證都能看似成理，究其根本，乃是因爲過去這段分裂的歷史提供了觀察的基礎❻。在臺北學界的分裂主權說裡，卻未採用歷史觀，對於分裂的起點、過程與終止均未提出歷史分析，蓋臺北的分裂說是一種政策主張，並非如德國說那樣是對歷史的法理描述。德國說旨在賦予歷史一種法的詮釋，沒有規範分裂狀態的作用，臺北說則旨在提出一種對未來規範的主張。

（四）分裂主權理論與統獨爭議

臺北的創新對於主權和分裂兩個目標都沒有幫助，其理如下。對於主權而言：

1. 分裂主權說既是用來將分裂現狀合法化的，當然不能說明代表全中國的那一個主權到底有什麼人或地的內涵，中國是架空的地理名詞，中國的主權變得沒有意義。

2. 主權被分裂之後要如何融合，欠缺交代，法理上不知如何能夠藉對分裂的承認，過渡到分裂的結束。

3. 主權被分裂之後，兩岸之間的關係是屬於主權間之關係，還是國內關係沒有標準，因此而產生的爭議更證實主權理論的虛擬性。

對於分裂而言：

1. 分裂主權說用一個虛擬的主權，自我設限，使臺北倘若將來要追求完全獨立的國格，缺乏正當性的法理基礎。

---

❻ 姚立明，〈一國兩府的法律意義〉，海峽兩岸關係學術研討會，1990年7月20日，香港。

2.分裂既是合致行為，分裂主權說因而在法理上讓中共可以決定
　　臺北何時，或是否可以完全獨立。

在政治上，分裂主權說有其短期對內的功能：分裂的承認可以滿
足獨派，主權的宣告可以滿足統派。對於有統一理想，又接受分裂事
實的人，這個主張自亦有號召力。質言之，分裂主權說使人可以在保
留統一理想的情況下，接受現狀。然而，統一不會因為現狀合法化了
就變成是值得追求的理想。即令是因為分裂主權說昭告了統一目標而
喝采的人，都說不出在什麼情況下統一會成為法理上必須主動追求的
目標。單純昭告統一理想，沒有統一的理由，適足以化統一理想為莊
周的廟龜。畢竟，承認分裂現狀的學說裡，得不出統一的義務。分裂
主權說這種消極性，無法協助有統一理想的人說明統一理想是否真的
值得追求，反對統一理想的人更難有機會說明統一之謬誤。分裂主權
說因而把中國的統一變成中立的、被擱置的議題，則中國為何，自然
亦是不再需要回答的問題了。

由此可知，分裂主權說難以解釋何以中華民國既與中國大陸是相
互獨立的兩個政治實體，卻又不能脫離中國的大框架而存在，所以在
法理上，臺北既不能獨立，也不必求統一。而這種只照顧現狀，避談
未來的不統不獨國家定位不僅混淆了中共，也混淆了國人，缺乏持久
的號召力，恰好是國家認同發生連番波折的遠因，似乎在主權觀裡，
沒有國家定位適當的出路。把中國分裂問題當作主權問題來處理，則
爭辯的焦點勢必在於分與合之間，不分不合引起各方的質疑，事屬自
然；而不願意統一，又未敢於獨立則又是政壇的現實，分裂主權觀
念，不過是將這個困擾用法律概念的模糊性來文飾而已。

主權既是抽象假想出的觀念，則分裂主權說當然不是為了要替
「主權」一詞正名而提出的。既然在抽象觀念中加上「分裂」不可能

是意在維護本不存在的主權，醉翁之意當然是在為分裂尋求法的正當
性。 主權觀之被運用， 正是這種創造性模糊的產物， 用法律文字遊
戲，自我滿足主權意識，既不必直接冒犯中共的天朝心態，更勿須與
中共央求說項。不意主權觀這種提出，正如上述，把與主權無涉的分
裂現實，用主權觀來分析，使臺北求獨立不可得，求統一又無過程，
適足以傷害近年民間與政界同時湧現的出頭意識。

（五）分裂主權理論與外交

　　或謂分裂主權說有利於臺北在國際上取得獨立活動的理論基礎
❼。此恐係倒果為因的推論。臺北國際活動空間的取得，斷非因為國
際接受了分裂主權觀。像號稱發明分裂主權說的德國迄今仍客於將外
交承認同時延及兩岸；而種族問題嚴重的若干非洲友邦，恐怕更是聞
分裂主權理論而色變。質言之，分裂主權既無助於外交空間的開拓，
作為事後合理化之說詞更難成為共認的國際準則，最多只是用來提醒
自己，中華民國要擺脫中國大陸糾纏的願望而已。

　　分裂主權觀甚至會在國際上對中華民國形成諸多不利，分裂主權
說鼓勵國際上有聯臺制中想法的戰略家不當涉入臺海關係，而又不必
擔負後果與責任❽。而且這種理論將兩岸之間競爭的勝負關鍵放在主
權戰場上，恰巧突顯北京之所長與臺北之所短。由於國際法一向以強
權的實踐為法源，這種國際法傳統使得中共在國際上的強勢主張，竟
然剛好可以用來證明分裂主權說的不可推銷性。尤其不幸地是包括中

---

❼　　張瑞猛等著，＜終止動員戡亂對兩岸關係的影響＞，兩岸關係四十年演
　　變的回顧與前瞻研討會，1990年5月23日，臺北。

❽　　美國駐中共大使李潔明批評中共的主權觀過時，曾給予獨派論者莫大的
　　鼓舞，李逸洋在一次統獨辯論會上作此表示，1990 年12月1日，臺北
　　（金華國中）。

共在內的國際強權，從來不支持分離運動，鼓吹分裂主權說正好幫助中共從國際法理上來否定臺北行使實際主權的正當性，反而好像臺北眞的沒有存在的法理基礎一樣。

（六）分裂主權理論與現狀維護

總的來說，分裂主權的理論不但不能創造獨立的條件，更不能提出統一的遠景，是一種但求保護現狀，不談發展方向的定位方式，然而，就連在保護現狀這一點上，這個理論都難遂其功，其理有四：

1. 由於中共不採分裂主權說，使得它成爲國際上唯一自稱代表全中國的政權，臺北旣然承認北京的政治實體地位，也等於間接協助它取得在國際上代表臺北的地位❾。

2. 分裂主權說要求中共非也要承認臺北的政治實體地位，好像臺北在此岸遂行的完整政治控制要中共認可才有法理基礎，給予北京否定臺北主權行使的機會。

3. 分裂主權說否定了臺北政權的法源曾經來自全中國人的授權，使得臺北成爲國際強權競相爭取影響的對象，它掌握自己的方向將更加困難，對自己的未來定位不明亦將對國內政潮推波助瀾。

4. 分裂主權說認爲臺北的事實存在就充分地可以創造合法性，從而放棄了過去對法統的主張，使得臺北在道德、意識型態與立國精神上與北京的差異變得不重要，這使得臺灣人不必知道爲什麼分裂是值得追求的事，即使有分裂的事實，卻會越來越不在意要維護分裂的理由，反而削弱心防，天眞地看待中共，不

❾　江輝，〈論解決中國區際司法協助的途徑〉，《法律科學》，2期(1991)，頁62-65。

利於現狀的維護。

過去當中共勢強聲壯的時候，它仍懼臺北三分，蓋臺北的法統觀對北京政權的正當性形成直接的挑戰；當國際潮流廻轉，社會主義退卻之際，臺北反而顯得抗爭無力，因爲臺北似乎已經無意在中國的框架內競爭，所以臺北將快要不再是中共的一個對手了。在和平演變社會主義的浪潮下，北京居於絕對的守勢，但在防止臺北對分裂主權的追求過程中，北京以攻爲守。臺北輿論界今天要政府選擇的是錯誤的戰場。

（七）中國分裂之原因在制度

那到底是什麼因素眞正讓中國分裂了呢？一言以蔽之，是以制度爲核心的思想、權力、生活方式的分裂。

在分裂主權的理論中，大陸採用的是什麼制度，大陸上的中國人過得是什麼方式的生活，均非相干的課題。分裂主權如被採用，將會是臺北放棄制度競爭的正式聲明，也是應和了中共所提一國兩制主張中，井水不犯河水的想法，協助中共將爭議的焦點，從中共是不是具有正當性的政權，變成了臺北是不是具有正當性的獨立主權。

分裂主權說與一國兩制說最大相同之處，就是北京不必了解臺北的制度理念，臺北也不必了解北京的制度原則⑩，把中國分裂最根本的，也是與人民生活最息息相關的制度因素，當作旣成事實，等於強化了分裂的狀態⑪。在臺北與北京的對抗競賽中，如不談制度與立國精神主張之差異，臺北就無以爲恃。所以要能維持現狀，作一個起碼

---

⑩　翁其銀，<「一國兩法」與板塊式法律大體系>，《法學》，8期(1991)，頁14。

⑪　許崇德，＜論「一國兩制」對實現國家統一的戰略意義＞，《中國法學》，2期(1990)，頁19。

的對手，中華民國的定位觀一定要遠主權而親制度。

　　更重要的是這個制度之爭的勝敗，乃在發掘什麼樣的制度最適合於中國人的生存與成長，什麼樣的制度具有與時俱進的彈性，與什麼樣的制度可以和世界潮流滙合。正是這種爲中國人選擇最適制度的氣魄，創造了中華民國的獨特認同，使臺北面對大陸與面對國際時能不懼不惑:

　　1.中華民國繼承了與道統相沿的中國法統，從而使國民能在四十　　餘年前從日本天皇的殖民統治下解放出來，認識自己不是日本　　人，而是中國人的血的事實❷。

　　2.中華民國繼承了以憲政主義爲內涵的中國法統，使國民成爲傲　　視中共政權，與之截然有別的世界性的民主政權主人。

　　臺北所要提出，因而不是抽象的主權有沒有，或能不能分裂的問題，而在於北京政權所篤行的制度原則，能不能及有沒有被成功地實踐。臺北要挑戰於北京的，是相互用對方的制度標準，去批判對方的政治實踐，如此以保證臺北能熟諳社會主義制度的優缺點，北京亦能習得民權主義制度的精神。相較於此，分裂主權說的最大隱憂，正在於它只要求中共承認臺北存在，而且只要是形式的認可就行了，完全不敢迫中共對臺北的制度用臺北的標準來批判。連臺北自己都不宣揚對自己制度的信心，北京何必在意那個制度呢?

(八) 中國的涵義要從實踐中理解

　　中國的分裂既然肇因於制度與立國精神的分裂，用北京的話說就是生產關係模式之分裂，則與中國到底是一個，兩個，還是無數個小

---

❷　戴國輝與葉芸芸，《愛憎 2・28》，（臺北: 遠流，1992），頁 309-312。

的地理單位所組成的，就沒有關聯了。中國之所以不是純然的地理名詞有兩個理由，一個是中國民族主義，一個是中國特色的制度，兩者均使中國人與旁人有所不同。今天制度的分裂尚不能立即創造出兩個中國，正是唯心主義式的民族文化在起作用。

中國這塊地理空間對人們具有意義，乃是其上的制度與民族情感對於黃土地上的人所共同經歷過的成長實踐,曾有積極的促進作用⑬。中國人過去自詡為天朝，那是一種沒有民族主義的天下制度觀，民族主義對中國這塊地理空間的意義，起於黃土地住民對帝國主義反彈時所意識出來的凝聚力，這個凝聚力在義和團時爆發，歷經五四運動、抗日與生產大躍進而益見強化。

但在同時，過去協助中國人成長實踐的天朝制度崩解了，從而引起中國內部的認同問題，迄今不能一統解決。制度的分裂力量在此與民族主義的統一力量有著又抵消、又強化的相互作用，這可分為四點來說明：

1. 制度的持久分裂，使中國民族主義對中國人集體成長實踐的貢獻，逐漸弱化。

2. 制度的持久分裂，使中國民族主義能賦予中國地理空間某種意義的作用，更具象徵性。

3. 民族的統一情感，使每一種制度競爭都帶著逐鹿中原的含意與潛力，從而弱化分裂的趨勢。

4. 民族統一的趨力，迫使逐鹿中原的人強調自己制度的絕對優越，從而強化了分裂的效果。

中國是不是只有一個的問題，因而有主觀與客觀兩種力量在決

---

⑬ 高朗，《論兩岸關係中的一個中國問題》(臺北，1992)，影印稿。

定。客觀的力量是看民族主義還能不能繼續爲在中國這塊地理空間上生存的所有人們，提供共同成長與理想實踐的原動力，也要看這個制度的競爭，是不是能讓海峽兩岸的人們共同關切並學習此一競爭中得到的制度教訓。主觀的力量，則在於殘存的民族主義情感能否支撐到制度競爭結局底定之時，使這個結局仍來得及能對全中國人的成長與理想實踐，都具有意義。

以此觀之，分裂主權理論只不過是有加速殘存中國民族主義在臺北式微的效果，但並不見得能阻礙臺北的立國精神，將來亦能融入全中國的制度設計之中，此乃因爲這種分裂主權理論保留了主權的概念，故又在一定程度內使民族主義的作用得以反映。

既然制度分裂是中國分裂的根源，則臺北唯有在制度上進行持續競爭才可能在中國範圍內取得有尊嚴的位置。分裂主權說放棄制度競爭，這將對臺北產生近乎致命的兩種效果：

1. 即等於宣告在大陸範圍內的制度競爭由北京獲勝，即令中共政權未來被新勢力或新觀點給優化取代，臺北都不能起作用。
2. 使兩岸之爭變成民族主義之爭，臺北頓失其賴以主張分裂的特殊制度基礎，分裂多年的事實，變得毫無正當性。

就基於這兩個理由，主張統一的人不能採用分裂主權說以免使得臺北的制度精神在統一過程中沒有逐鹿中原的機制；主張獨立的人更要放棄分裂主權說，以免臺北用來證明分裂的制度根源，成爲不相干的證據。

（九）實踐空間主義之提出

上述這種理解何爲「中國」的方式，可概稱之爲實踐空間主義

⑭，亦卽中國地理空間上的人們，必須能藉著中國民族主義與中國式制度來協助他們共同成長與實踐理想，中國對他們才有意義。

實踐空間主義的具體內容可簡述如下八點：

1. 中國的概念必須在客觀上有助於人們共同實踐理想才有意義。

2. 這種共同實踐理想的兩大機制爲中國民族主義與中國式制度。

3. 中國分裂是因爲中國式制度的內涵發生爭議與中國民族主義因爲制度分裂而漸弱所致。

4. 由於民族主義與制度發展均是歷史的結果，故兩者均不可能憑個人主觀意志在短期內消除。

5. 因而在歷史軌跡之外設計純西方式制度與宣揚非民族主義因子不僅有害臺北在中國範圍內的競爭能力，也傷害臺北作爲獨立政治實體的正當性。

6. 在歷史軌跡內競爭的要義，首在釐清臺北所秉持的制度精神對全中國有何涵義。

7. 中國是否繼續分裂，端賴兩岸制度各自優化的努力，並看將來是發生了相互取代的對抗效果，還是相互接合的互補效果。

8. 臺北必須相信社會主義制度有可能轉變優化，而北京也必須承認臺北的三民主義制度有資產階級自由化以外的正面含意，如此才可能透過相互了解來決定兩岸之分合⑮。

簡言之，實踐空間主義主張兩岸透過制度實踐來決定「中國」這

---

⑭ 有關地理認同之探討，見 Howard F. Stein, *Developmental Time, Cultural Space: Studies in Psychogeography* (Norman and London: University of Oklahoma Press, 1987)。

⑮ 相互信任建立模式之心理基礎分析，見 Manfred Halpern, *A Theory of Transformation and the Archetypal Drama of the Conquering Hero,* 於1990年美國政治科學年會時提出之論文，(舊金山)。

個地理空間是否仍對臺北有意義，臺北必須嚴肅考量自己的制度擴延至大陸的可能性，否則又何必一定要在口頭堅持主張對全中國的主權呢？故臺北不但不應該限制兩岸交流，反而應該鼓勵作為共同實踐理想主體的國民，儘量汲取利用大陸上的資源，開拓他們的生存空間，引介臺灣擁有的經驗，貢獻於大陸的改革開放。

由於實踐空間主義不以主權為重點，所以兩岸人民的交流必須儘量摒除主權爭執，以取得更寬廣的制度競爭場地，不把中共的主權理論當作處理對象，臺北則堅持在自己制度適用範圍內延續法統，以為臺北擴延制度影響到大陸奠定法理基礎；在國際上繼續爭取友邦對臺北制度與生活方式之認可，不放棄臺北對大陸人民的主權號召，但不把國際對此一主張的認可當為臺北對此一主張堅持的根據，臺北是否放棄此一主張，取決於中國民族主義與中國式制度的追尋能否繼續協助臺灣人民與大陸人民共同實踐理想。

（十）實踐空間主義與法統

既然實踐空間主義主張藉由人們共同實踐理想的經驗，來賦予地域空間一種共享的意義，則實踐空間主義必是一個歷史的、時間的概念。法統的觀念，也是一種歷史與時間的主張，對於臺灣這塊地理空間上人們的成長，具有至少三種意義：

1. 早在日本殖民統治結束之際，受皇民化影響甚深的地方仕紳或有強烈卑視支那統治者之心理傾向，故有遠中國而就日本的脫離意識，中國的法統提醒在日本殖民統治下成長的青年，臺灣人不是日本人，而是中國人，從而體認日本殖民者與臺灣人未能共同成長分享理想的歷史事實，使臺灣這塊生存空間能擺脫殖民地的陰影，為其上中國人發現自我，共同生活創造了情感

上的基礎。

2. 中國法統源自王道文化，以博愛寬仁爲基礎，因而有別於以階級鬥爭爲綱的共產黨政權，這種強烈的政治文化分野，使臺灣的中國人明白感受自己所持理想之不同，而能不爲具有強大政經勢力的共產勢力吸嗞，從而凝聚臺灣地區中國人爲非共的生活方式奮鬥堅持的原動力。

3. 中國法統中的憲政主義因子，多年來成爲在野勢力監督政府合法性的道德磐石，使臺灣地區中國人得以率先脫離封建傳統，進而體受自身具有創造中國民主前途的使命。

（十一）實踐空間主義與生命共同體

「生命共同體」常成爲分裂主權說主張者援引指稱臺灣已是獨立政治實體的名詞，所謂生命共同體乃指臺灣地區的人們因爲生活在一起，命運相銜接，而發展出了同舟情懷與主權共識，實踐空間主義的觀念並不排斥生命共同體的說法，但在四方面比「生命共同體」意識更寬廣[16]。

1. 實踐空間主義鼓勵中國人儘量擴大生存空間，採擷所有可用資源，與世人共同成長；生命共同體則強調向內認同，向外防衛。簡言之，實踐空間主義重實踐，生命共同體之提法重地域空間。

2. 實踐空間主義既然要接合中國人與世界潮流，故認爲生命共同體的幅員可以，而且應該不斷地按親疏遠近的層次逐漸擴大，乃至地球村理想的實現，所以對中國內涵爲何的態度是開放的，

---

[16] 有關生命共同體的一種代表性說法，見謝長廷，＜臺灣命運共同體的終極關懷＞，《新文化》，1期(1989)。

而不是封閉的 。

3.實踐空間主義重歷史， 尊重既存的思想與民族情感， 肯定中國人過去的成就，對過去抱著批判繼承的態度與大體肯定的評價，相信所有人類的發展都是光榮的；生命共同體之說則重邏輯，掌握立卽的情緒，對歷史批判，以求新求變爲主要訴求，認爲共同體的希望在未來。

4.實踐空間主義與生命共同體都是以地域空間爲內涵的主張，但實踐空間主義裡地域是被動的，與其它地域是銜接的，它的意義是與人們成長的經驗所相互束縛的；而生命共同體說則把地域本身當成是具有獨自的主動性的，與其它地域是相分離的，它對人的意義是自發的，人們成長的經驗受它完全束縛。

（十二）實踐空間主義的主權觀

基本上，實踐空間主義不談主權，認爲主權的虛擬性不能反映人們共同實踐理想的現實性，所以，如果要談主權，則必然是以人，或是人的集合體作爲主權的基本內涵。質言之，主權不是對特定空間行使管轄的權利與權力，而是對特定人爲對象行使管轄的權力❼。這個權力必然是經由被統治者同意所賦予的。因此，主權的範圍應該是彈性的，不是固定的；主權的行使是開放的， 不是封閉的 。 健康的主權，是能不斷吸引更多的人來共同實踐理想，共同成長，所以主權的目的，不是要排斥他人加入主權的範圍，如此主權變成偏安自保的封閉工具。在實踐空間主義的主權觀裡，只有他人拒絕加入我，沒有我爲了保障自己的純淨而排斥他人。

❼ 有關主權對象以人爲主的法律探討，見姚立明，＜兩岸關係法制的憲法基礎與憲法界限＞，《憲政時代》，17:4(1991)，頁7-17。

實踐空間主義的中國主權觀包含有下列五個主張:

1. 一個中國的主權範圍可以大到包括所有中國人或歸化的中國人。

2. 中華民國對中國主權的主張,來自法統,而法統曾是全中國人所授予,故中華民國的主權對於全體中國人有天然的親近性。

3. 中華民國基於主權的來源,有權利追求全中國人對其所持立國精神與制度再認同。

4. 中華民國有義務協助中國人建立一個與中華民國立國精神相一致的大陸政權。

5. 中華民國的主權不能作為阻礙國際合作的法律基礎。

相較於實踐空間主義,分裂主權理論是一個放下歷史框架,技術取向的一種人為假想,反映了出頭意識卻又隱含了脫離逃避的衝動。只有走出主權意識的中國觀才能幫助臺北奠定它在中國歷史長河中的地位。中國確已分裂了四十餘年,但是主權的觀念過於模糊,難以將分裂狀態作出明晰且合乎人性的定位。實踐空間主義否定了單純靠臺灣或大陸兩個地理空間就可作為國家主權定位的根據,轉而強調每一塊地理空間上人們共享的成長經驗與制度實踐。在實踐空間主義裡,臺北最後選擇統一或獨立,則均不能任以投降或賣國視之。總之,為了呵護現狀而不讓人民隨著民主的潮流,呼應民族情感,遂行制度競爭,而逕以一國兩制或分裂主權限制之,方才是真正宣告了歷史在此停滯。

三民大專用書書目——政治・外交

現代西洋外交史　　　　　　楊　逢　泰　著　政治大學
中國大陸研究　　　段家鋒、張煥卿、周玉山主編　政治大學等